Asiatisch vegan

Asiatisch vegan

Lieblingsgerichte von Indien bis China,
von Thailand bis Japan

Sasha Gill

Einleitung

Meine Kindheit habe ich quasi in der Küche verbracht. Eine meiner frühesten Erinnerungen ist, dass ich meiner Mutter beim Backen von Ananastörtchen geholfen habe. *Finger weg vom Ananaskompott!* Oder wie ich im handgeschriebenen Rezeptbuch meiner Oma geblättert habe. Ich liebte es, in der Küche zu helfen. Nicht, weil ich mich als Kind fürs Kochen als solches interessierte, sondern eher, weil ich heimlich naschen konnte, wenn niemand hinsah. Meine Schwester und ich hatten eine Abmachung: Bei Kuchenteig durfte sie die Schüssel auslecken, und ich bekam den Schneebesen, an dem immer jede Menge Teig hing. In meiner Familie kochen – und essen – alle gern, und zwar gut.

Zur Oberstufe ging ich nach Großbritannien und war felsenfest überzeugt, dass ich mein Zuhause nicht vermissen würde. Ich freute mich viel zu sehr auf mein neues Leben in diesem Land mit seinem kalten Wetter und grauen Himmel. Es dauerte dann gerade mal zwei Wochen, bis ich mein Zuhause, meine Familie, die Sonne und meine Lieblingsfrühlingsrollen vermisste. In den Sommerferien konnte ich endlich nach Hause fahren und stopfte mich mit Popiah-Frühlingsrollen (Yamswurzel in hauchdünnen Crêpes mit gerösteten Erdnüssen) voll. Wie sehr hatte ich sie vermisst!

Heute studiere ich Medizin in Oxford, versuche, um sieben Uhr morgens aus dem Bett zu kommen (was mir noch nicht ganz gelingt), und teste immer wieder aus, wie lange ich ein Fahrrad nicht angekettet stehen lassen kann, ohne dass es geklaut wird (Tipp: gar nicht). Meine Küche, so klein und unspektakulär sie auch sein mag, ist und bleibt mein Lieblingsort und Kochen meine Zuflucht. Wenn das Leben mal wieder zu hektisch wird und mir das Hirn verwirbelt, finde ich im Kochen Halt und Entspannung. Und das Leben ist, wie wir alle wissen, oft hektisch.

Schon oft kam mir der Gedanke, mich vegetarisch zu ernähren, aber ebenso oft hatte ich eine Ausrede parat, um eine Umstellung hinauszuschieben – bis mir eines Tages keine Ausrede mehr einfiel. Mit 17 beschloss ich, kein Fleisch mehr zu essen, und ein paar Monate später verzichtete ich ganz auf tierische Produkte. Vegan zu werden war gar nicht so schwer, auch wenn es mit einigen nervigen Fragen verbunden war: *Was isst du denn jetzt? Fehlt dir kein Eiweiß? Ist es nicht langweilig, nur Salat zu essen? Vermisst du nichts?*

Um ehrlich zu sein, ich vermisste tatsächlich etwas: Tandoori Chicken und den Sugee Cake meines Opas. Im Grunde vermisste ich alles, was ich früher so gerne gegessen hatte – wobei mir nicht Fleisch, Eier oder Milchprodukte fehlten, sondern die Geschmäcker und Aromen.

Erst allmählich wurde mir klar, dass die tollen Aromen, die mir so fehlten, nicht unbedingt von tierischen Produkten stammen müssen. Ich kochte vegane Versionen von Familienrezepten, eines nach dem anderen, und versuchte, alles so authentisch wie möglich zu halten. Heraus kamen nicht etwa zweitklassige Kopien der nichtpflanzlichen Originale, sondern Gerichte, die ich selbstbewusst auf den Tisch stellen konnte, damit sich jede*r – ob Karnivore oder nicht – bediente.

Singapur, das ich immer noch meine Heimat nenne, ist ein Schmelztiegel der Kulturen und ihrer jeweiligen Küchen. Für die Singapurer, die aus ganz Asien und darüber hinaus stammen, ist Essen die gemeinsame Sprache, und ich schätze mich glücklich, dass ich in einer derart vielfältigen Food-Szene aufgewachsen bin. Ich möchte, dass möglichst viele Menschen die wunderbare Küche Asiens zu Hause genießen können, deshalb habe ich dieses Buch geschrieben. Und mit all den tollen Gewürzen und Saucen fällt einem gar nicht auf, dass die Gerichte ausschließlich aus Pflanzen bestehen!

Manche fühlen sich von der asiatischen Küche überfordert. Die vielen Gewürze und langen Zutatenlisten können schon mal abschreckend sein, und es ist auch nicht immer einfach, bestimmte exotische Zutaten zu finden oder mit ihnen umzugehen. Dieses Buch soll Abhilfe schaffen. Als Studentin weiß ich, dass es ein Problem sein kann, viel Zeit und Geld fürs Kochen aufzuwenden. Alle Rezepte in diesem Buch sind erschwinglich und einfach zuzubereiten, egal, ob es sich um ein schnelles Lunchpaket für unter der Woche oder eine Einladung am Freitagabend handelt: Hier findest du für jeden Anlass das passende Rezept.

Und das Wichtigste: In diesem Buch geht es nicht ums Verzichten. Vielmehr ist es ein Fest der veganen Lebensmittel und all der erstaunlichen Sachen, die sich mit ihnen anstellen lassen.

Was ich esse? Ich esse Pflanzen. Ganz tolle Pflanzen.

Hinweise zu den Rezepten

Lies die Rezepte, die du kochen willst, mindestens einmal ganz durch, damit du eine allgemeine Vorstellung davon bekommst, wie man am besten vorgeht und wie viel Zeit man einplanen muss, welche Zutaten und welche Küchengeräte du brauchst. Wenn ich koche, beginne ich gerne mit der sogenannten Mise en Place, das heißt, ich krame alle benötigten Töpfe und Utensilien heraus, bereite die Zutaten vor und stelle sie abgewogen bzw. abgemessen in Schalen und Schüsseln auf die Arbeitsfläche, sodass ich Sie bei Bedarf sofort zur Hand habe und keine Hektik aufkommt.

Bei den Löffelmaßen gilt zu beachten:

1 Esslöffel = 20 ml
1 Teelöffel = 5 ml

Ingwer, Knoblauch, Schalotten und Zwiebeln werden vor der Verwendung geschält bzw. abgezogen. Bei den Schalotten sind, sofern nicht anders angegeben, rote asiatische Schalotten gemeint.

Alle Zuckersorten und Sirupe können außer in den Backrezepten beliebig ausgetauscht werden. Beim Backen sind Sirupe austauschbar (beispielsweise kannst du Reissirup statt Ahornsirup verwenden), nicht aber körnige Zuckersorten.

Alle Pflanzenöle sind in diesen Rezepten austauschbar. Greife möglichst zu einem geschmacksneutralen Öl. Wenn jedoch ausdrücklich Sesamöl, Kokosöl oder festes Pflanzenfett verlangt wird, solltest du es nicht durch ein anderes ersetzen.

Alle verwendeten Pflanzendrinks sind austauschbar, es sei denn, im Rezept ist ein bestimmter Pflanzendrink angegeben.

GF — GF zeigt an, dass ein Rezept glutenfrei ist bzw. wie es glutenfrei zubereitet werden kann.

Die Chilischote ist ein Hinweis darauf, dass es sich um ein scharfes Gericht handelt. Auf Seite 16 findest du weitere Ausführungen zu den Schärfegraden und wie du diese an deinen eigenen Geschmack und deine Toleranz anpassen kannst.

Der asiatische Vorratsschrank

Ich habe gerne einen gut gefüllten Vorratsschrank, damit ich, wenn ich viel um die Ohren habe oder spät dran bin, nicht auch noch in den Supermarkt rennen muss. Wenn du noch keinen asiatischen Vorratsschrank angelegt hast, fange klein an. Kaufe dir neue Zutaten erst, wenn du sie brauchst, und schon bald hast du ein ausreichendes Sortiment an Gewürzen und Hülsenfrüchten auf Lager. In der asiatischen Küche kommen viele Pasten, Gewürze und andere Zutaten zum Einsatz, bei denen man schon mal den Überblick verlieren kann. Im Folgenden findest du eine Liste mit einigen in diesem Buch verwendeten Zutaten und erfährst, wo du sie finden kannst bzw. wie sie sich ersetzen lassen. Grundsätzlich sind asiatische bzw. orientalische Supermärkte und gut sortierte Bioläden, Supermärkte und Reformhäuser eine gute Adresse – und im Onlinehandel findet man ohnehin fast alles.

— Agar-Agar
Eine tolle pflanzliche Alternative zu Gelatine, die in gut sortierten Supermärkten meist in Pulverform erhältlich ist. In Asien kann man dieses Verdickungsmittel auch in Blattform kaufen. Ich verwende Agar-Agar-Pulver, da es einfacher zu verarbeiten ist! Anders als Gelatine muss es mindestens 5 Minuten lang gekocht werden, damit es seine Gelierkraft ordentlich entfaltet.

— Agavendicksaft oder Reissirup
Für einige Rezepte wird ein flüssiges Süßungsmittel benötigt. Ich verwende in der Regel Agavendicksaft oder Reissirup, da sie eine schöne Karamellnote bieten. Agavendicksaft ist mittlerweile in jedem gut sortierten Supermarkt zu haben, Reissirup im Bioladen.

— Algen
In meiner Grundschulzeit waren in Sesamöl geröstete, gesalzene Algen aus der Schulkantine mein Lieblingssnack. Sie schmeckten ähnlich wie Grünkohlchips, nur eben mit einem Hauch von Meer. Heute manifestiert sich meine Algenbesessenheit in anderer Form: Ich horte eine beeindruckende Sammlung von Algen – von Kelp über Wakame bis hin zu Nori-Blättern für Sushi. Ich empfehle, zumindest Nori-Blätter auf Vorrat zu haben, die Suppen und Brühen eine feine Fischnote verleihen und zum Rollen von Sushi und zum Einwickeln von Onigiri genutzt werden können. Nori-Blätter gibt es in den meisten Supermärkten und Bioläden und natürlich in Asialäden. Geöffnete Packungen sollten gut verpackt im Kühlschrank aufbewahrt werden, wo sie viel länger haltbar sind, zumal man sie ja nicht jeden Tag braucht.

— Aquafaba
Diese Zutat ist vielleicht die ungewöhnlichste in diesem Buch. Dabei handelt es sich keineswegs um eine seltsame asiatische Zutat. Aquafaba bedeutet einfach nur „Bohnenwasser" und ist die Flüssigkeit in Hülsenfrucht-Konserven, die sich hervorragend als Ei-Ersatz zum Backen eignet. Eigentlich kann man die Flüssigkeit von so ziemlich jeder Hülsenfrucht-Konserve verwenden, wenngleich ich das Aquafaba von weißen Bohnen bevorzuge, weil es die Farbe des fertigen Gerichts nicht zu sehr beeinträchtigt. Wenn ich eine Dose Bohnen öffne, gieße ich das Aquafaba in Eiswürfelbehälter ab und friere es ein – einen oder zwei Esslöffel pro Fach, damit ich weiß, wie viel ich herausnehmen und schmelzen muss, wenn ich Aquafaba zum Backen brauche.

— Austernsauce
Ein veganer Ersatz für Austernsauce ist mittlerweile ganz einfach zu finden, denn das Unternehmen Lee Kum Kee, das Austernsauce erfunden hat, bietet jetzt auch eine rein pflanzliche Version (aus Pilzen) an, die oft als „vegetarische Austernsauce" bezeichnet und in gut sortierten Supermärkten oder Asialäden zu finden ist. Bei erfolgloser Suche können ein paar Pilze angebraten und die Garflüssigkeit abgegossen werden, die mit einer Prise Zucker gewürzt anstelle von Austernsauce verwendet werden kann.

— Bohnen

Ob aus der Dose oder getrocknet – Hülsenfrüchte sind kleine Proteinbomben. Ich nutze gern auch mal Bohnen aus der Dose, weil sie praktisch sind und nicht so viel Vorlauf brauchen. Relativ schnell lassen sich getrocknete Hülsenfrüchte aber auch im Schnellkochtopf garen. Man kann getrocknete Hülsenfrüchte auch morgens mit etwas Wasser in einen Schongarer werfen, und abends sind sie fertig. In einigen Rezepten kommen vielleicht unbekanntere Bohnensorten vor, wie Adzuki- oder Mungbohnen. Adzukibohnen sind kleine kastanienbraune Bohnen, die beispielsweise in der japanischen Küche mit Zucker püriert und für Süßspeisen verwendet werden. Mungbohnen sind in der südostasiatischen Küche weit verbreitet, sowohl in herzhaften als auch in süßen Gerichten. Beide Sorten sind in gut sortierten Supermärkten und in Bioläden erhältlich.

— Galgant

Galgant, eine häufige Zutat in der thailändischen und malaysischen Küche, ist der schärfere, zitrusartige Bruder von Ingwer und in Pulverform, frisch als Wurzelknolle oder als Paste erhältlich. Letztere verwende ich gerne, weil die Paste lange haltbar und einfacher zu verarbeiten ist – frischer Galgant ist härter als Ingwer und lässt sich nur schwer reiben. Galgantpaste ist in asiatischen Lebensmittelgeschäften zu finden, kann aber auch durch dieselbe Menge Ingwer ersetzt werden, idealerweise gemischt mit einem Teelöffel frischem Limettensaft, der für ein bisschen Säure sorgt, die Galgant mitbringt.

— Gewürze

Nun zu den Gewürzen, von denen es ja so viele gibt! Ich kann Gewürzen nicht widerstehen und habe eine ganze Sammlung aufgebaut: von den leuchtend grünen Kardamomkapseln mit Eukalyptusnoten bis hin zu schwer definierbarem Asafoetida, das so intensiv ist, dass ich das Zeug in einem Gewürzglas und zusätzlich in einer luftdichten Dose lagere. Gemahlene Gewürze halten sich, einmal geöffnet, in der Regel etwa neun Monate, während ganze Gewürze viel länger – bis zu zwei Jahren – frisch bleiben. Danach verlieren sie an Aroma und duften nicht mehr so lebendig. Manche schwören darauf, Gewürze vor Gebrauch immer frisch zu mahlen. Ich finde zwar auch, dass frisch gemahlener Zimt superaromatisch ist, aber das Mahlen von Gewürzen ist zeitaufwendig. Hier folgt eine keineswegs vollständige Liste klassischer asiatischer Gewürze und Gewürzmischungen, die ich häufig verwende. Wenn du deine Sammlung gerade erst aufbaust, besorge dir zuerst die wichtigsten Gewürze, die hier fett gesetzt sind.

Asafoetida
Bockshornklee (Samen und Blätter)
Cayennepfeffer
Chilipulver
Curryblätter
Currypulver, mild
Fünf-Gewürze-Pulver
Garam Masala
Getrocknete Chilischoten
Gewürznelken
Ingwer (gemahlen)
Kardamom (gemahlen und Kapseln)
Koriander (gemahlen und Samen)
Kreuzkümmel (gemahlen und Samen)
Kurkuma (gemahlen)
Lorbeerblätter
Muskatnuss
Safran
Senfsamen, ganz
Sternanis
Zimt (gemahlen und Stangen)

— Kaffir-Limettenblätter

Diese Blätter sind eine wichtige Zutat der thailändischen Küche und werden Suppen oder Brühen beigefügt, um ihnen eine schöne Zitrusnote zu verpassen. Frische Blätter, dunkelgrün und glänzend, sind nicht so leicht aufzutreiben, getrocknete Blätter hingegen gibt es in jedem Fall im Asialaden. Alternativ Lorbeerblätter mit einem Spritzer Limettensaft verwenden.

— Kecap manis

Diese süßliche Sojasauce mit fast sirupartiger Konsistenz wird in vielen indonesischen und malaysischen Gerichten verwendet. Sie ist äußerst vielseitig und kann zum Würzen von Reis, Wokgerichten, Marinaden usw. genutzt werden.

Kecap manis ist in gut sortierten Supermärkten erhältlich. Auf Seite 21 findest du außerdem ein Rezept für Kecap manis.

– Kichererbsenmehl
Kichererbsenmehl (auch Besan- oder Grammehl) wird häufig für indische Häppchen und Desserts verwendet. Da es einen hohen Proteingehalt hat und glutenfrei ist, wird es immer beliebter und eignet sich hervorragend für vegane Omeletts! Es ist mittlerweile in gut sortierten Supermärkten und sowieso in Reformhäusern und Naturkostläden zu finden.

– Kochwein
Chinesischer und japanischer Kochwein – Shaoxing und Mirin – werden beide aus Reis gewonnen. Wenn du keinen von beiden auftreiben kannst, kann trockener Sherry als Ersatz dienen. Wer keinen Alkohol verwenden möchte, kann den Wein durch Apfelsaft ersetzen.

– Linsen
Ich könnte nicht ohne sie leben. Sie sind schnell und einfach zubereitet, lange haltbar und liefern viel gesundes pflanzliches Eiweiß. Die indische Küche verwendet unterschiedlichste Linsensorten, von denen rote Linsen, die Hauptzutat von *Tara dal*, die geläufigsten sind und ebenso wie *urad dal* (Urdbohne) – für *Dal makhani* und Dosas – in diesem Buch vorkommen. Ich ermutige aber ausdrücklich, auch andere Sorten auszuprobieren und mit den unterschiedlichen Aromen und Texturen zu experimentieren. Rote Linsen sind in jedem Supermarkt erhältlich, *urad dal* in jedem Fall in asiatischen bzw. indischen Lebensmittelgeschäften.

– Miso
Miso ist eine würzige fermentierte Paste auf Sojabohnen-Basis und unverzichtbar für die japanische Küche. Sie verleiht Gerichten einen tollen herzhaften Umami-Geschmack. Auch in anderen Ländern gibt es misoartige Pasten, wie *doenjang* in Korea oder *tauco* in Malaysia, aber auch hier verwende ich Miso, da alle Pasten ähnlich schmecken und Miso einfach am einfachsten erhältlich ist. Weißes Miso hat eine kürzere Fermentierungszeit und ein fast buttriges Aroma, während dunkles Miso länger reift und ein tieferes, komplexeres Aroma entwickelt. Ich verwende für alle meine Gerichte dunkles Miso, weil ich es einfach lieber mag. Du kannst aber auch weißes Miso verwenden, wann immer es in diesem Buch erwähnt wird. Da Miso meist auch Gerste enthält, ist es in der Regel nicht glutenfrei. Als glutenfreie Alternative empfiehlt sich braunes Reis-Miso. Miso gibt es in gut sortierten Supermärkten und natürlich auch in Bioläden und Reformhäusern, wo am ehesten auch glutenfreie Varianten zu finden sind.

– Palmzucker
Palmzucker wird häufig in der malaysischen und singapurischen Küche verwendet, wo er als *gula melaka* bezeichnet wird, aber auch in Indien, wo er *jaggery* heißt. In jedem Fall handelt es sich um einen braunen Zucker mit einer tiefen Karamellnote, der in Block- oder loser Form angeboten wird. Palmzucker ist in gut sortierten Supermärkten, Bioläden und – meist günstiger – in asiatischen Lebensmittelgeschäften erhältlich. Kokosblütenzucker hat ähnlich komplexe Aromen und kann als Ersatz verwendet werden. Zur Not tut es auch Vollrohrzucker.

– Pandan
Pandan ist das Aroma meiner Kindheit, denn zur Teezeit bekamen wir manchmal Pandan-Kuchen, eine leichte pastellgrüne Leckerei. Pandan ist für Südostasien das, was Vanille für den Westen ist, und wird zum Aromatisieren von Süßspeisen und Reis verwendet. Der schwer beschreibbare Duft ist eine Mischung aus Kokos, Vanille und Lakritze. Pandan ist in der Regel in Blattform oder als Extrakt erhältlich. Ich verwende lieber Blätter, weil Aroma und Farbe natürlicher sind. Der Extrakt färbt das Essen grün, was nicht immer schön aussieht! Pandanblätter oder -extrakt gibt es in thailändischen oder anderen südostasiatischen Lebensmittelläden, manchmal auch als TK-Ware, die viel länger haltbar ist, ohne das blumige Aroma zu verlieren. In Süßspeisen kann Pandan durch Vanille, bei pikanten Gerichten durch Lorbeerblätter ersetzt werden.

WAS TUN MIT REISRESTEN?

In Asien ist es üblich, übrig gebliebenen Reis wieder aufzuwärmen, was auch ich früher ständig gemacht habe. Aber als ich nach Großbritannien kam, habe ich gelernt, dass man mit gekochtem Reis vorsichtig umgehen muss, weil man sich sonst eine Lebensmittelvergiftung einfangen kann. Kühle deshalb den Reis immer so schnell wie möglich ab und lass ihn nie zu lange bei Raumtemperatur rumstehen. Ich versuche, Reisreste möglichst eine Stunde nach dem Kochen in den Kühlschrank zu packen. Achte beim Aufwärmen unbedingt darauf, dass er vollständig durcherhitzt ist, indem du ihn im Wok oder der Pfanne heiß anbrätst, und überprüfe vor dem Servieren, ob alles dampfend heiß ist. Reis sollte nie mehr als einmal aufgewärmt werden.

— Reis und Reismehl

Jemand hat mir mal gesagt, ich äße zu viel Reis. Aber für mich ist eine Mahlzeit ohne Reis einfach nicht vollständig! In diesem Buch verwende ich verschiedene Reissorten: Basmatireis für indische Gerichte, Jasminreis für thailändische und malaysische, Sushireis für japanische Gerichte und Klebreis für Desserts. Reis ist nicht gleich Reis – jede Sorte hat andere Eigenschaften und Aromen. Verwende deshalb immer die Reissorte, wie im Rezept angegeben. Basmati ist ein langkörniger Reis, der trockener ist und ein nussiges Aroma hat, was ihn zu einem perfekten Partner für dicke Saucen und reichhaltige Currys macht. Jasminreis ist ebenfalls ein Langkornreis, aber mit kokos- und pandanartigen Aromen und passt deshalb hervorragend zu malaysischen und thailändischen Gerichten. Sushireis ist ein Rundkornreis mit einem höheren Stärkeanteil als die beiden erstgenannten Sorten. Er wird beim Kochen klebrig und lässt sich deshalb sehr gut zu Sushi formen. Klebreis (auch süßer Reis oder Mochi-Reis genannt) ist ebenfalls ein Rundkornreis, der häufig für Süßspeisen verwendet wird; trotz des Namens ist er glutenfrei (kleberfrei). Im Gegensatz zu den meisten anderen Reissorten wird er fast immer im Dampf gegart, wodurch er seinen Biss behält. Die ersten drei Reissorten findest du in jedem Supermarkt, Klebreis in Asialäden oder online. In diesem Buch wird auch Klebreismehl verwendet, das du online oder im chinesischen Supermarkt bekommst.

— Schwarzsalz

Schwarzsalz (*kala namak*) ist, anders als der Name vermuten lässt, nicht schwarz, sondern eher altrosafarben. Aufgrund des hohen Schwefelanteils riecht es nach (manche sagen: faulen) Eiern, weshalb es häufig in der veganen Küche verwendet wird, um Gerichten ein eierähnliches Aroma zu verleihen. Ich koche gern mit *kala namak* und verwende es manchmal anstelle von normalem Salz, um einem Gericht mehr Komplexität zu verleihen. Wenn möglich, sollte man es gegen Ende der Garzeit dazugeben, da so mehr Aromen erhalten bleiben. Schwarzsalz ist in Reformhäusern und Bioläden oder auch online zu finden. Es ist eine meiner Lieblingszutaten, und ich empfehle unbedingt, es mal auszuprobieren.

– Shiitakepilze
Diese fleischigen Pilze sorgen in Suppen und Brühen für ein wunderbar erdiges, tiefes Aroma. Man kann sie frisch oder getrocknet kaufen; ich bevorzuge getrocknete Shiitakepilze, da sie lange haltbar sind. Wenn du einen asiatischen Lebensmittelladen um die Ecke hast, solltest du dort zuerst nachschauen, denn dort sind sie vermutlich günstiger als im Supermarkt.

– Sojasauce
Dunkle Sojasauce ist reichhaltiger und sirupartiger als helle Sojasauce. Ich rate, beide im Schrank zu haben, da sie nicht so austauschbar sind, wie es auf den ersten Blick scheint. Notfalls kannst du helle für dunkle Sauce verwenden, aber die Farbe des fertigen Gerichts wird dadurch etwas anders.

– Tamarinde
Das säuerlich-süße Fruchtfleisch der Tamarinde wird in Indien, Thailand, Malaysia und Singapur geschätzt, um Gerichten eine feine fruchtige Säure zu verleihen. Ich verwende gerne die Paste, weil sie besonders praktisch ist. Wenn du Tamarinde nur als Mark in Blockform findest, brich ein Stück ab, weiche es etwa 5 Minuten in etwas heißem Wasser ein und streiche es durch ein Sieb, um Kerne und Fasern zu entfernen. Tamarindenpaste (im Glas oder Beutel) ist in der Regel in gut sortierten Supermärkten erhältlich. Falls nicht, kann es durch die doppelte Menge Limetten- oder Zitronensaft mit einer Prise braunem Zucker ersetzt werden.

EIN WORT ZUM SCHÄRFEGRAD
Ich habe einmal eine Chili-Wette gewonnen. Die Challenge bestand darin, so viele Chilis wie möglich zu essen, bevor man zu einem Glas Milch greifen muss. Ich habe 25 Chilis geschafft, und überhaupt musste ich noch nie zu einem Glas Milch greifen! Ich verstehe aber durchaus, dass nicht alle es gerne so scharf mögen oder vertragen. Du kannst also die Schärfe jederzeit reduzieren und bei Rezepten mit frischen Chilischoten weniger verwenden und/oder die Schoten entkernen, weil in den Kernen normalerweise die meiste Schärfe steckt. Bird's-Eye-Chilis sind allerdings auch ohne Kerne höllisch scharf, also verwende einfach weniger davon. Wenn getrocknete Chilis oder Chilipulver verlangt werden, nimm die halbe Menge oder lass sie ganz weg.

– Teigblätter
Es gibt zwei Arten von asiatischen Teigblättern: Die eine wird hauptsächlich aus Reismehl hergestellt, ist durchsichtig und muss vor Verwendung kurz in Wasser eingeweicht werden. Die andere besteht aus Weizenmehl, ist nicht durchsichtig und findet sich unter der Bezeichnung „Frühlingsrollenteig" manchmal im Tiefkühl- oder Kühlregal in Asialäden. In diesem Buch kommen beide Teigblätterarten vor. Verwende möglichst die Art, die angegeben ist. Für eine glutenfreie Variante kannst du die Weizenteigblätter auch durch weichere Reisblätter ersetzen, dann aber anders als auf der Packung angegeben das Reispapier vor dem Füllen nur 2–4 Sekunden in Wasser tauchen.

– Zitronengras
Zitronengras spielt eine wichtige Rolle in der thailändischen Küche, und das Zitrusaroma ist vielleicht von Duftkerzen, Pflegeprodukten oder auch Teemischungen bekannt. Frisches und getrocknetes Zitronengras oder auch Zitronengraspaste sollte in Asialäden und gut sortierten Supermärkten zu finden sein. Alternativ kann mit etwas geriebener Zitronenschale für ein spritziges Aroma gesorgt werden.

Küchenhelfer

Ich sammle gerne Dinge, unter anderem auch Küchenutensilien. Als Studentin ist man aber auch darin geübt, alles zusammenzupacken und umzuziehen, und da kann zu viel Küchenkrempel zum Problem werden. Hier sind aber ein paar Küchenutensilien, ohne die ich nicht existieren könnte, und ein paar Bonusartikel, falls du dir mal was gönnen möchtest!

Unverzichtbar

— Beschichtete Pfanne
Ich schwöre auf meine beschichtete Bratpfanne. Ich koche nicht gerne mit viel Öl, weil ich es immer wieder schaffe, mich mit Ölspritzern zu verbrennen (mein Herd lässte sich schlecht regeln). Eine beschichtete Pfanne ist ein super Allrounder, in dem sich von knusprigen Dosas bis zu gebratenem Ananasreis quasi alles zubereiten lässt. Falls du noch keine beschichtete Pfanne hast, rate ich, beim Kauf etwas mehr Geld auszugeben, denn hier kommt es wirklich auf Qualität an. Bei billigen Pfannen kann sich schon nach kurzer Zeit die Beschichtung lösen. Ich bevorzuge Keramikpfannen gegenüber PTFE-beschichteten Pfannen, da sie sicherer und besser für die Umwelt sind. Wichtig ist auch, dass du pfleglich mit deinem Kochgeschirr umgehst, damit es lange hält: die Pfanne nicht zu stark erhitzen, da die Beschichtung bei sehr hohen Temperaturen Schaden nehmen kann; einen Pfannenwender oder Kochlöffel aus Holz oder Silikon und kein Metallwerkzeug nutzen; die Pfanne vor dem Spülen vollständig abkühlen lassen; mildes Spülmittel und einen weichen Schwamm verwenden, da Scheuermaterial aus Metall oder Bürsten mit Kunststoffborsten die Beschichtung zerkratzen können; die Pfanne auf keinen Fall in die Spülmaschine stellen, weil hohe Temperaturen und Maschinensalz die Lebensdauer der Pfanne verkürzen können, auch wenn sie vermeintlich spülmaschinenfest ist.

— Dämpfkorb
Ein Dämpfkorb in der Liste der unverzichtbaren Küchenutensilien? Aber ja doch, schließlich handelt es sich hier um ein asiatisches Kochbuch, und viele asiatische Zubereitungen werden nun mal im Dampf gegart – von einfachem Gemüse bis hin zu herrlich gefüllten Brötchen und Klößen. Ich verwende einen Dämpfkorb mit Deckel aus Bambus, der den gleichen Durchmesser hat wie mein Kochtopf, und lege ihn mit Backpapier aus. Es gibt auch Dämpfeinsätze aus Metall, die sich zusammenklappen und deshalb kompakt verstauen lassen.

— Foodprozessor
Diese Geräte eignen sich hervorragend zum Zerkleinern härterer Zutaten und können auch zum groben Hacken von Zwiebeln und Knoblauch verwendet werden, ganz zu schweigen von den guten Diensten, die sie bei der Herstellung von Currypasten leisten.

— Messer
Anders, als du vielleicht glaubst, ist die Verletzungsgefahr bei einem scharfen Messer geringer, da es die Zutat leichter durchschneidet und nicht abrutscht und die Hand verletzt. Natürlich kann es trotzdem zu Verletzungen kommen, aber wenn du dein Messer rasiermesserscharf hältst und gleichzeitig aufmerksam schneidest, lassen sich blutige Missgeschicke in der Küche auf ein Minimum reduzieren. Als Erstes empfiehlt sich als Allrounder ein hochwertiges Kochmesser. Ein Schälmesser und ein Messer mit Wellenschliff sind gute Ergänzungen. Die Klinge sofort schärfen, wenn du merkst, dass sie stumpf wird.

— Mixer
Ein Mixer ist ideal zum Pürieren von Suppen, Lassi und anderen Getränken, vorausgesetzt, die Zutaten sind relativ weich – es sei denn, du hast einen Hochleistungsmixer, in dem sogar Eiswürfel oder härteres rohes Gemüse wie Möhren zerkleinert werden können.

Extras

– Microplane-Reibe
Ich wüsste gar nicht, was ich ohne meine Microplane-Reibe täte. Wenn du auch eine hast, weißt du, was ich meine! Damit lässt sich Zitronenschale fein abreiben, ebenso wie Ingwer und sogar Zimt direkt von der Stange! Wann immer in diesem Buch Ingwer, Knoblauch oder Zitronengras fein gerieben werden soll, greife ich zu meiner Microplane. Alternativ kannst du eine normale feine Reibe verwenden oder die Zutaten mit einem scharfen Messer sehr fein hacken.

– Mörser
Ich verwende meinen Mörser, um Currypasten herzustellen, ganze Gewürze oder gerösteten Reis zu Pulver zu mahlen und Erdnüsse oder Palmzucker zu zerstoßen. Wenn du viel thailändisch kochst, solltest du dir auf jeden Fall einen Mörser zulegen, denn darin hergestellte Currypaste ist viel samtiger und aromatischer als maschinell gemixte. Wenn du keinen Mörser hast bzw. keinen anschaffen willst, greif für die Herstellung von Pasten einfach zu einer großen, stabilen Schüssel und einen robusten Stößel-Ersatz, zum Beispiel einem Nudelholz.

– Nudelholz
Ein Nudelholz eignet sich hervorragend, um Teig gleichmäßig hauchdünn auszurollen. Für den Anfang braucht es auch gar kein Nudelholz mit rotierender Walze; ich verwende ein einfaches Rundholz (dessen stumpfes Ende auch als Stößel fungieren kann). Notfalls kannst du auch zu einer großen, leeren Flasche greifen.

– Silikonmatte
Ich liebe meine Silikonmatte, mit der ich mein Backblech auslege. Sie ist antihaftbeschichtet, wiederverwendbar und kinderleicht zu reinigen, weil alles einfach runterflutscht! Da ich viel backe, verwende ich sie anstelle von Backpapier, weil sie umweltfreundlicher ist und sich auf lange Sicht rechnet.

– Tofupresse
Bei Tofugerichten sollte man den Tofu vorher immer auspressen. Im Fachhandel, in asiatischen Supermärkten oder auch im Internet gibt es Geräte, mit denen das Pressen kinderleicht ist! Wenn du noch Platz in der Küche hast und Zeit sparen willst, solltest du dir in jedem Fall so eine Presse zulegen. Alternativ den Tofu wie auf Seite 25 beschrieben pressen.

– Wok
Ein Wok macht das Rührbraten viel einfacher: Es gibt eine größere Oberfläche, auf der man die Zutaten hin und her bewegen kann, ohne dass sie aus der Pfanne fallen und Sauerei machen – Pad Thai lässt sich nämlich nur schwer vom Herd kratzen! Zu Hause verwenden wir einen alten, schweren gusseisernen Wok. Wenn du dir einen zulegen willst, sollte dir klar sein, dass ein gusseiserner Wok viel Pflege braucht. Antihaftbeschichtete Woks oder Woks aus rostfreiem Stahl sind pflegeleichtere Alternativen.

Grundrezepte und -techniken

Wenn du dich durch die duftenden Currys, pikanten Suppen und fruchtigen Desserts in diesem Buch kochst, stößt du früher oder später auf Zubereitungen, die du entweder als Fertigprodukt kaufen oder eben selbst zu Hause herstellen kannst.

Grundrezepte

Burmesischer Tofu

Für 2 Tofublöcke (à etwa 300 g)

—

60 g Kichererbsenmehl
1 Prise gemahlene Kurkuma
½ TL Salz

Ein super Tofu-Ersatz für alle herzhaften Rezepte, wenn du Sojaprodukte meidest.

Eine Kastenform leicht einfetten und mit Backpapier auskleiden. Mehl, Kurkuma, Salz und 375 ml Wasser in einer Schüssel oder im Mixer zu einer glatten Masse verarbeiten. In einen Topf füllen und unter ständigem Rühren aufkochen. Dann bei schwächster Hitze 3–5 Minuten unter ständigem Rühren köcheln lassen, bis die Masse eingedickt und glänzend ist und eine ähnliche Konsistenz wie Brandteig hat. In die vorbereitete Form füllen und glatt streichen. Abkühlen lassen, dann im Kühlschrank mindestens 60 Minuten fest werden lassen. Aus der Form stürzen und in Würfel schneiden. Im Kühlschrank in einem luftdichten Behälter hält sich der Tofu-Ersatz bis zu 4 Tagen.

Chiliöl

Für etwa 60 ml

—

4 EL Öl
2 große rote Chilischoten, entkernt und sehr fein gehackt

Dieses Chiliöl sorgt in Brühen für schöne bernsteinfarbene Sprenkel und eine pikante Note. Diese Version ist nicht allzu scharf. Wenn du es gerne schärfer magst, lass ein paar Chilikerne drin.

Das Öl in einen kleinen Topf füllen und bei mittlerer Hitze warm werden lassen. Die Chilis hinzufügen und 5–7 Minuten braten, bis das Öl durch die Chilis eine leichte Orangefärbung annimmt. Dabei ständig rühren, damit nichts anbrennt. Das Öl durch ein Haarsieb in ein kleines Glas abfüllen. Es hält sich an einem kühlen, dunklen Ort bis zu 3 Wochen.

Dashi

Für etwa 375 ml

—

500 ml Gemüsebrühe
2 getrocknete Shiitakepilze
½ Nori-Blatt

Gemüsebrühe, Pilze und das Nori-Blatt in einen großen Topf geben und bei mittlerer Hitze aufkochen. Die Hitze reduzieren und zugedeckt 10–15 Minuten köcheln lassen, damit die Aromen in die Brühe übergehen, dann abseihen und die festen Bestandteile entsorgen.

Gepresster Reis

Für 4 Personen

—

300 g Jasminreis
1 Pandanblatt, geknotet, oder 1 Lorbeerblatt
¼ TL Salz

Den Reis mit Pandanblatt, Salz und 750 ml Wasser in einen großen Topf geben und aufkochen. Die Hitze reduzieren und den Reis zugedeckt etwa 15 Minuten unter gelegentlichem Rühren köcheln lassen, bis er gar ist.

Ein etwa 50 × 30 cm großes Stück Alufolie abtrennen und einfetten. Mit der eingefetteten Seite nach oben eine quadratische Auflaufform (20 cm Seitenlänge) damit auskleiden. Überstehende Alufolie nicht abtrennen.

Das Pandanblatt entfernen. Den Reis mit einem Kartoffelstampfer zerdrücken und weitergaren, bis das Wasser verdampft ist. Die Masse in die vorbereitete Form füllen und glatt verstreichen. Die Alufolie darüberschlagen, sodass der Reis vollständig bedeckt ist, und andrücken. Ein Stück Pappe passgenau zurechtschneiden, mit Alufolie einschlagen und einfetten. Auf den Reis legen und mit einem Gewicht beschweren. Ich verwende dafür meinen Mörser. Den Reis 1–2 Stunden abkühlen und fest werden lassen. Aus der Form und der Folie lösen und in Rauten schneiden.

Geröstete Kichererbsen

Für etwa 250 g

—

1 Dose Kichererbsen (400 g), abgetropft

Geröstete *chana* sind in der Regel auch in indischen Lebensmittelgeschäften zu haben. Aber sie lassen sich auch einfach selbst zubereiten.

Den Backofen auf 200 °C vorheizen und ein Backblech mit Backpapier belegen. Die Kichererbsen mit Küchenpapier trocken tupfen, um so viel Feuchtigkeit wie möglich zu entfernen. Gleichmäßig auf dem Backblech verteilen und im vorgeheizten Ofen

30 Minuten knusprig rösten, dabei alle 10 Minuten wenden. Die Kichererbsen vollständig erkalten lassen. In einem großen Schraubglas aufbewahren.

Kecap manis

Für etwa 180 ml

—

125 ml Sojasauce
100 g brauner Zucker
3-cm-Stück Ingwer – optional
2 Knoblauchzehen, zerdrückt – optional

Alle Zutaten in einen Topf geben und bei mittlerer Hitze unter gelegentlichem Rühren aufkochen. Die Hitze reduzieren und alles 10–15 Minuten köcheln lassen, bis sich der Zucker vollständig aufgelöst hat und die Sauce sirupartig eingedickt ist. Bei Verwendung von Ingwer und Knoblauch die Sauce durch ein Haarsieb in ein sterilisiertes Glasgefäß füllen und im Kühlschrank aufbewahren. Ingwer und Knoblauch entsorgen. Beim Abkühlen dickt die Mischung weiter ein.

Kewpie-Mayonnaise

Für etwa 235 g

—

60 ml Aquafaba (siehe Seite 11), gekühlt
¼ TL Dijon-Senf
½ TL Schwarzsalz
1 EL Reis- oder Apfelessig
½ TL Zitronensaft
1 EL Reissirup
180 ml Pflanzenöl, gekühlt
¼ TL Xanthan – optional (siehe unten)

Japanische Mayo ist süßer und milder als normale Mayonnaise. Diese vegane Version klappt am besten, wenn Aquafaba und Öl kalt sind, weil sie dann leichter emulgieren.

Alle Zutaten außer dem Öl in einen Mixer geben und 30 Sekunden mischen. Bei auf höchster Stufe laufendem Motor das Öl sehr langsam in einem dünnen, gleichmäßigen Strahl hinzufügen. Dabei sollte sich die Mischung wie eine Mayonnaise eindicken. Falls nicht, waren die Zutaten vielleicht nicht kalt genug, oder das Aquafaba war zu dünn. In diesem Fall ¼ Teelöffel Xanthan hinzufügen (in Reformhäusern und Apotheken) und noch einmal mixen. Die Mayo sollte dann sofort eindicken.

Die Mayo in ein sauberes Schraubglas füllen und bis zu 2 Wochen im Kühlschrank aufbewahren.

Rotes Bohnenmus

Für etwa 375 g

—

100 g getrocknete Adzukibohnen
50 g weißer Zucker

Die Adzukibohnen 4 Stunden oder über Nacht in einer Schüssel Wasser einweichen. Abgießen und in einen Topf geben, dann 375 ml frisches Wasser hinzugießen und die Bohnen 60 Minuten weich kochen. Vom Herd nehmen und mit einem Kartoffelstampfer sorgfältig zerdrücken. Den Zucker unterrühren. Bei mittlerer Hitze wieder auf den Herd stellen und unter ständigem Rühren garen, bis das Restwasser verdampft und das Mus eingedickt ist. Es ist fertig, wenn der Topfboden mindestens 1 Sekunde lang zu sehen ist, wenn man mit dem Kochlöffel durchstreicht, bevor es wieder zusammenläuft. Das Mus dickt beim Abkühlen noch weiter ein. In ein sterilisiertes Schraubglas füllen und bis zu 1 Woche im Kühlschrank aufbewahren.

Seitan-„Hähnchen“

Entspricht 2 Hähnchenbrüsten, ausreichend für 4 Personen

—

250 ml Gemüsebrühe
40 g gegarte weiße Bohnen
4 EL Hefeflocken
4 Knoblauchzehen
2 TL Würzmischung (Seite 22) oder mehr Hefeflocken
1 TL Zwiebelpulver
1 EL Tahini
¼ TL gemahlener Kreuzkümmel
½ TL Salz (weglassen, wenn die Gemüsebrühe salzig genug ist)
110 g Vital-Weizengluten

Wenn dieses Seitan-„Hähnchen" für das Hainan-„Hähnchen" mit Reis (Seite 118) verwendet wird, vor dem Kneten zusätzlich 1 Teelöffel Fünf-Gewürze-Pulver in die Masse geben.

Alle Zutaten außer dem Weizengluten im Foodprozessor zu einer glatten Masse verarbeiten. In eine große Schüssel füllen und das Gluten darübersieben. Mit einem Holzlöffel sorgfältig einarbeiten. Weitere 5–7 Minuten kneten, dabei die Masse dehnen und falten und wieder zu einer Kugel formen. Der Teig ist fertig, wenn er nicht mehr so feucht ist, feste Stränge bildet und beim Dehnen elastisch zurückspringt. Je länger geknetet wird, desto fester wird das Seitan. Wenn du also ein festeres Seitan lieber magst, zusätzliche 5 Minuten kneten.

Einen Dämpfkorb auf einen Topf mit kochendem Wasser setzen. Aus Alufolie zwei große Quadrate ausschneiden und leicht einfetten. Die Masse halbieren, auf die Folienstücke geben und zu Blöcken formen. Die Blöcke in die Folie einschlagen, nebeneinander in den Dämpfkorb setzen und 30 Minuten dämpfen. Dann 30 Minuten abkühlen lassen und bis zu 1 Woche im Kühlschrank lagern.

Serundeng

Für etwa 150 g

—

1 TL Koriandersamen
5 Schalotten, grob gehackt
2 Knoblauchzehen, grob gehackt
1 TL Tamarindenpaste
2 EL *gula melaka* oder brauner Zucker
½ TL Salz
70 g Kokosfleisch, frisch gerieben
3-cm-Stück Ingwer, zerdrückt
1 Stängel Zitronengras, zerdrückt

Serundeng ist nicht nur eine wichtige Zutat für einige Rezepte in diesem Buch, sondern auch eine tolle Beilage zu Nasi lemak (Seite 115) oder zu einem Curry. Frisch geriebenes Kokosfleisch ist ideal; du kannst es zur Not aber durch dieselbe Menge getrocknete Kokosraspel ersetzen, die dann aber nicht so lange geröstet werden sollten. Lass die Pfanne nicht aus den Augen!

Koriandersamen, Schalotten, Knoblauch, Tamarinde, Zucker und Salz im Mörser oder Mixer zu einer Paste verarbeiten. Die Paste in eine große beschichtete Pfanne geben und Kokosfleisch oder -raspel, Ingwer und Zitronengras untermischen. Bei mittlerer Hitze unter Rühren braten, bis das Kokosfleisch zu bräunen beginnt und die Paste trocken aussieht. In einen sterilisiertes Schraubglas füllen und bis zu 1 Woche im Kühlschrank aufbewahren.

Teigblätter

Ergibt 30 Stück

—

240 g Weizenmehl, gesiebt
½ TL Salz
Speisestärke, zum Bestäuben

Mehl und Salz in eine große Schüssel geben und mit 170 ml Wasser verrühren, bis die Zutaten gebunden sind. Von Hand 5–10 Minuten kneten, bis ein glatter, elastischer Teig entstanden ist. Wenn der Teig zu klebrig und weich wird, etwas mehr Mehl einarbeiten. Den Teig zurück in die Schüssel geben, mit Frischhaltefolie abdecken und 30 Minuten bei Raumtemperatur ruhen lassen.

Golfballgroße Teigstücke abnehmen und auf einer mit Speisestärke bestäubten Arbeitsfläche mit einem Nudelholz zu etwa 3 mm dünnen Kreisen ausrollen. Mit einer runden Form oder einem Glas etwa 8 cm große Kreise daraus ausstechen. Die Teigreste wieder verkneten und weitere Teigblätter herstellen. Die Teigblätter gut mit Speisestärke bestäuben oder mit Frischhaltefolie oder Backpapier trennen, damit sie nicht zusammenkleben, und auf einem Teller stapeln.

Damit sie nicht austrocknen, die gestapelten Teigblätter mit Frischhaltefolie abdecken. Sofort verwenden oder bis zu 2 Monaten tiefkühlen (in diesem Fall etwa 1 Stunde vor Verwendung aus dem Tiefkühlfach nehmen und bei Raumtemperatur oder länger im Kühlschrank auftauen lassen).

Veganer Ei-Ersatz

Entspricht 1 Ei

—

1 EL gemahlene Leinsamen oder Chiasamen

Die Leinsamen in einer Tasse mit 3 Esslöffeln Wasser verrühren und vor Verwendung 5–10 Minuten quellen lassen, bis die Masse dickflüssig ist.

Würzmischung

Für etwa 75 g

—

4 EL Hefeflocken
1 TL Selleriesalz oder Tafelsalz
½ TL getrockneter Salbei
1 Prise getrockneter Oregano
1 Prise geräuchertes Paprikapulver edelsüß

Alle Zutaten im Foodprozessor oder Blitzhacker mixen, bis ein feines Pulver entstanden ist. In ein kleines Schraubglas füllen. Trocken und dunkel lagern.

Grundtechniken

— Jackfruit vorbereiten

Unreife Jackfruit aus der Dose sollte erst abgetropft und dann in einem Sieb unter fließendem kaltem Wasser gut abgebraust werden, um den süßlichen grünen Geschmack zu entfernen. Dann die Kerne aus den Jackfruitstücken lösen und das faserige Fruchtfleisch zerrupfen, sodass es an Pulled Pork erinnert. Die Kerne entsorgen.

— Nüsse und Saaten rösten

Den Backofen auf 175°C vorheizen. Etwa 150 g Nüsse oder Saaten in einer Schicht auf einem Backblech verteilen und 10–15 Minuten im heißen Ofen rösten, dabei alle 5 Minuten wenden. Behalte die Nüsse bzw. Saaten im Auge, da einige schneller bräunen als andere.

— Sesam rösten

Sesamsamen lassen sich am besten auf dem Herd rösten. Dazu den Sesam in eine beschichtete Pfanne geben und 3–5 Minuten ohne Fett unter gelegentlichem Rühren rösten, bis die Samen goldbraun sind.

— Sojaschnetzel vorbereiten

Feine Sojaschnetzel 5–10 Minuten in der entsprechenden Menge heißem Wasser quellen lassen, bis die Stücke weich sind. Grobe Sojaschnetzel in der vierfachen Menge heißem Wasser etwa 20 Minuten quellen lassen, bis sie weich sind. Vor der Verwendung sorgfältig abtropfen lassen: Feine Sojaschnetzel portionsweise in ein Sieb geben und mit einem Löffelrücken ausdrücken, dann in eine saubere Schüssel geben. Grobe Schnetzel können einfach zwischen den Fingern ausgedrückt werden.

— Tofu einfrieren

Wenn du die Textur von Tofu nicht so recht magst, kannst du extrafesten Tofu einfrieren und ihn so wesentlich bissfester machen als durch Pressen. Alles, was du tun musst, ist, einen Block extrafesten Tofu (300 g) abtropfen lassen, in Würfel oder Scheiben schneiden, in einen Behälter geben und über Nacht tiefkühlen, bis er vollständig durchgefroren ist. Den Tofu vor Verwendung 2–3 Stunden bei Raumtemperatur auftauen lassen und überschüssige Flüssigkeit von Hand ausdrücken ... es sollte eine ganze Menge herauskommen! Gefrorener Tofu ist sehr formstabil. Es besteht also keine Gefahr, dass er beim Ausdrücken zerbröckelt.

— Tofu pressen

Den Tofublock in ein sauberes, fusselfreies Tuch einschlagen und ein Schneidebrett darauflegen. Das Brett mit Gewichten, zum Beispiel Konservendosen, beschweren, damit das Wasser ausgedrückt wird. Den Tofu mindestens 30 Minuten liegen lassen, um so viel Flüssigkeit wie möglich herauszupressen.

01

Indien

Indien hat wesentlich mehr zu bieten als Currys. Es gibt eine bemerkenswerte kulinarische Vielfalt, die von Thali-Platten aus Gujarat bis zu den Pani Puri aus Mumbai reicht. Was aber alle indischen Gerichte gemeinsam haben, ist eine bemerkenswerte Harmonie der Gewürze – von den subtilen Honignoten des Safrans in Kulfi bis zu den kräftigen erdigen Aromen von Kreuzkümmel und Bockshornklee in einem Dal. Man könnte meinen, dass Rezepte mit langen Zutatenlisten schwierig sind, aber gemahlenen Koriander, Garam Masala und Fenchelsamen auf Vorrat zu haben ist nun wirklich kein großer Aufwand, und wenn du diese Gerichte erst mal probiert hast, wirst du froh sein, dass du dich an sie gewagt hast. In diesem Kapitel erfährst du unter anderem auch, dass Kreuzkümmel und Senfsamen zuerst in heißem Öl gebraten werden sollten, damit sie ihre wunderbaren Aromen entfalten, und dass Garam Masala erst gegen Ende der Garzeit hinzugefügt werden sollte, um die feinen Aromen von Kardamom und Gewürznelken zu erhalten.

Die Tischetikette ist in Indien so ganz anders als im Westen. Die Speisen werden häufig mit der rechten Hand gegessen, weil der direkte Kontakt mit dem Essen als wichtig gilt. Mittag- oder Abendessen werden häufig auf großen Platten gereicht, auf denen Schälchen mit Currys, Chutneys und Gemüse stehen, Brot oder Reis kommt separat auf den Tisch.

Ich erinnere mich noch gut an die Festgerichte, die meine Großmutter zum Diwali-Fest auftischte, mit Bergen von gebratenem Brot und köstlichen Currys. Wenn mich die Sehnsucht überfällt, koche ich indisches Essen. Indisches Essen bedeutet für mich Trost. Es bedeutet Familie. Und Heimat.

Samosas falten

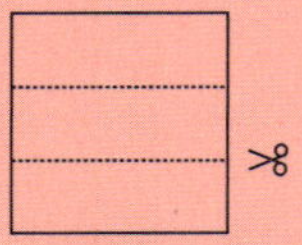

Ein quadratisches Teigblatt in drei Streifen schneiden.

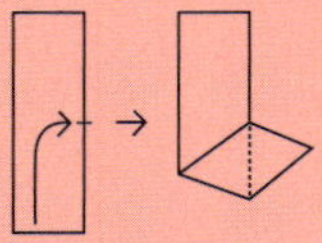

Die untere Kurzseite so nach oben schlagen, dass die linke Ecke auf der rechten Längsseite zu liegen kommt.

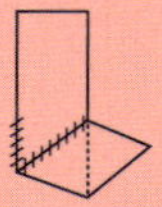

Die Mehlpaste auf den in der Abbildung gestrichelten Linien auftragen.

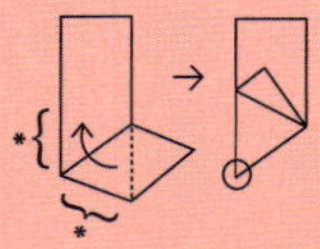

Den Streifen so nach oben schlagen, dass die beiden mit * markierten Kanten übereinanderliegen. Darauf achten, dass die eingekreiste Ecke dicht ist.

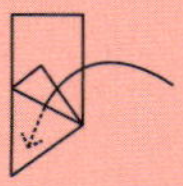

1 Esslöffel Füllung in die entstandene dreieckige Tasche geben.

Weitere Mehlpaste mit dem Finger auf den gestrichelten Linien verstreichen.

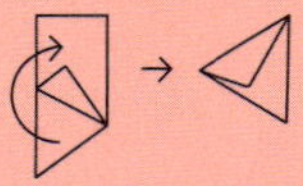

Die gefüllte Tasche weiter dicht nach oben falten und die Kanten fest andrücken. Die Taschen mit der Mehlpaste versiegeln, damit keine Füllung austreten kann.

Blumenkohl-Samosas

Ergibt 30 kleine Samosas
–
Zubereitung: 30 Minuten
Garzeit: 40 Minuten

4 EL Weizenmehl
10 quadratische Weizenteigblätter, in je 3 Streifen
60 ml Pflanzendrink
1 EL Reissirup
40 g Sesam- oder Mohnsamen, zum Garnieren – optional
Minz- oder Mango-Chutney (Seite 45), zum Servieren

Füllung
1 TL Pflanzenöl
½ TL Senfsamen
½ TL Kreuzkümmelsamen
¼ TL Fenchelsamen
1 weiße Zwiebel, fein gehackt
2 Knoblauchzehen, fein gehackt
1-cm-Stück Ingwer, fein gehackt
250 g sehr fein gehackter Blumenkohl
1 TL Currypulver
40 g feine Sojaschnetzel, vorbereitet (Seite 25)
75 g TK-Erbsen
½–¾ TL Salz

Diese Gemüsetaschen sind die perfekte Vorspeise oder ein toller Snack, wenn du Freunde zu Besuch hast. Wer kann zu diesen Häppchen schon Nein sagen? Meine Version ist prall gefüllt mit herrlichem Curry-Blumenkohl und Erbsen. Und um die Sache noch einfacher zu machen, verwende ich TK-Teigblätter aus dem Asialaden.

Für die Füllung einen großen beschichteten Topf bei mittlerer Hitze heiß werden lassen. Öl, Senf-, Kreuzkümmel- und Fenchelsamen darin braten, bis sie zu duften und die Senfkörner zu knacken beginnen. Zwiebel, Knoblauch und Ingwer dazugeben und 3–5 Minuten braten, bis die Zwiebeln glasig sind und der Knoblauch duftet. Blumenkohl, Currypulver und abgetropfte Sojaschnetzel untermischen und weitere 5 Minuten braten. Erbsen und 60 ml Wasser dazugeben und bei aufgesetztem Deckel aufkochen. Die Hitze reduzieren und weitere 5–8 Minuten garen, bis das Wasser verdampft und die Mischung trocken ist. Den Topf vom Herd nehmen. Mit Salz abschmecken und ggf. nachwürzen.

Den Backofen auf 180 °C vorheizen und ein Backblech einfetten.

Das Mehl mit 2½ Esslöffeln Wasser glatt verrühren. Die Samosas wie gegenüber beschrieben falten und füllen. Auf das Backblech legen. Pflanzendrink und Sirup verrühren und die Oberseite der Samosas damit bestreichen. Die Teigtaschen nach Belieben mit Sesam oder Mohn bestreuen.

Die Samosas im vorgeheizten Ofen 15–20 Minuten goldbraun und knusprig backen. Mit Chutney servieren.

Tarka Dal mit Fenchel und Pastinake

GF

Für 4 Personen

—

Zubereitung: 20 Minuten
Garzeit: 40 Minuten

200 g rote Linsen
1 TL gemahlene Kurkuma
2 Lorbeerblätter
1 l Gemüsebrühe
2 Fenchel, geputzt und gewürfelt
1 große Pastinake, geschält, in 5 cm langen Stiften
1 TL Pflanzenöl
1 TL Kreuzkümmelsamen
¾ TL Salz
1 Bund Koriandergrün (75 g), Blätter gehackt
40 g Mandelblättchen, geröstet
Naan (Seite 36), Reis oder Chapattis, zum Servieren

Gewürzmischung
1 TL Pflanzenöl
1 TL Senfsamen
1 TL Bockshornkleesamen
1 EL Kreuzkümmelsamen
1 Prise Asafoetida – optional
1 rote Zwiebel, fein gehackt
5-cm-Stück Ingwer, fein gehackt
2 grüne Chilischoten, entkernt und fein gehackt
2 große Tomaten, gewürfelt
1 TL Chilipulver

Wenn ich für den Rest meines Lebens nur noch eine Mahlzeit essen dürfte, würde ich mich sofort für Dal entscheiden, das es in meiner Kindheit jede Woche gab und ich mit endlos viel selbst gemachtem Chapatti-Brot sauber aus meinem Teller gewischt habe. Diese Version habe ich zum ersten Mal zubereitet, als ich Heimweh hatte und im Winter verzweifelt etwas Wärmendes brauchte. Pastinaken und Fenchel sind vielleicht ungewöhnliche Zutaten für ein Dal, aber zusammen geben sie ihm eine tolle erdige, anisartige Note.

Den Backofen auf 200 °C vorheizen.

Die Linsen mit Kurkuma, Lorbeerblättern und Brühe in einen großen Topf geben und bei mittlerer Hitze aufkochen. Die Hitze reduzieren und zugedeckt etwa 30 Minuten sanft köcheln lassen.

Fenchel und Pastinake in einer Schüssel mit Öl, Kreuzkümmel und ¼ Teelöffel Salz vermengen. Auf einem Backblech verteilen und im vorgeheizten Ofen 25–30 Minuten weich garen.

In der Zwischenzeit für die Gewürzmischung das Öl in einer mittelgroßen beschichteten Pfanne erhitzen. Senf, Bockshornklee, Kreuzkümmel und Asafoetida, falls verwendet, darin braten, bis sie zu duften und die Senfsamen zu knacken beginnen. Zwiebel, Ingwer und Chilischoten dazugeben und weiter garen, bis die Zwiebel weich und glasig ist. Tomatenwürfel und Chilipulver untermischen und 3–4 Minuten weich garen.

Wenn die Linsen gar und cremig sind, den restlichen ½ Teelöffel Salz unterrühren. Die Gewürzmischung mit dem Öl darübergießen. Fenchel und Pastinake untermischen.

Mit Koriandergrün und Mandelblättchen garnieren und mit Naan, Reis oder Chapattis servieren.

Cremiges Spinat-Curry mit knusprigem Tofu

GF

Für 4 Personen

—

Zubereitung: 20 Minuten
Garzeit: 30 Minuten

300 g extrafester Tofu, gepresst (Seite 25), gewürfelt
1 TL gemahlener Kreuzkümmel
Salz
1 EL Hefeflocken
1 EL Pflanzenöl
Sojasahne oder veganer Joghurt, gehackter Ingwer und Limettenspalten, zum Garnieren

Cremiges Curry
250 g frischer Spinat oder 200 g aufgetauter TK-Spinat
125 ml Gemüsebrühe
250 ml Pflanzendrink
1 kleine weiße Zwiebel, gewürfelt
4 Knoblauchzehen, fein gehackt
3-cm-Stück Ingwer, fein gehackt
1 rote Chilischote, entkernt, in Streifen
1 große Tomate, gewürfelt
½ TL Salz
1–2 TL weißer Zucker
1 TL Garam Masala
2 EL Hefeflocken

Für eine vegane Version von Palak Paneer lässt sich Paneer bestens durch Tofu ersetzen, sodass man den milden, milchigen Käse gar nicht vermissen wird! Wenn du Tiefkühlspinat verwendest, lass ihn bei Raumtemperatur oder, wenn's schnell gehen muss, 3–5 Minuten in der Mikrowelle auftauen und drück von Hand so viel Wasser wie möglich in einem Sieb aus, bevor du ihn wiegst.

Die Tofuwürfel in einer Schüssel mit Kreuzkümmel, Hefeflocken und 1 ordentlichen Prise Salz vermengen. Das Öl in einer mittelgroßen beschichteten Pfanne erhitzen. Den Tofu darin bei mittlerer Hitze 5–7 Minuten von allen Seiten (2–3 Minuten pro Seite) goldbraun und knusprig braten.

Für das Curry alle Zutaten im Foodprozessor oder Mixer glatt pürieren. In einen großen Topf füllen und bei mittlerer Hitze aufkochen. Den Tofu dazugeben und bei schwacher Hitze etwa 15 Minuten köcheln lassen, bis das Curry eingedickt ist.

Mit einem Klacks Sojasahne oder veganem Joghurt, Ingwer und Limettenspalten garnieren und warm servieren.

Tandoori-Blumenkohl

GF *Weizenmehl durch Reismehl ersetzen.*

Für 4 Personen

—

Zubereitung: 20 Minuten (zzgl. Marinieren)
Garzeit: 50 Minuten

1 Blumenkohl, in Röschen geteilt (etwa 500 g)
Minzeblätter, zum Garnieren
Minze-Gurken-Raita (Seite 41), zum Servieren

Ausbackteig
130 g veganer Joghurt
250 ml Pflanzendrink
100 g Weizenmehl, gesiebt
1-cm-Stück Ingwer, fein gehackt
2 Knoblauchzehen, fein gehackt
½ TL Chilipulver
1 TL Garam Masala
¼ TL Salz

Glasur
250 ml passierte Tomaten
2 EL Reissirup
½ TL gemahlener Kreuzkümmel
¼ TL gemahlene Kurkuma
1 TL Garam Masala
¼ TL Salz

Dieser Blumenkohl, der nach dem Vorbild von Tandoori-Hähnchen zubereitet wird, ist saftig und weich und eine echte Aromabombe. Hier ist die Marinade, nicht der Blumenkohl der Star – du wirst begeistert sein, selbst wenn Blumenkohl nicht unbedingt dein Lieblingsgemüse ist.

Für den Teig alle Zutaten in einer Schüssel glatt verrühren und mit den Blumenkohlröschen in einen großen Ziplock-Beutel füllen. Den Beutel verschließen und schütteln, bis die Röschen vollständig mit Teig umhüllt sind. Im Kühlschrank mindestens 20 Minuten oder über Nacht marinieren.

Den Backofen auf 230 °C vorheizen und ein Backblech mit Backpapier belegen. Die Blumenkohlröschen auf dem Blech verteilen, dabei darauf achten, dass sie noch gut mit Teig eingehüllt sind. Im heißen Ofen 25 Minuten backen.

In der Zwischenzeit für die Glasur alle Zutaten in einer flachen Schüssel verrühren. Die Blumenkohlröschen aus dem Ofen nehmen und nacheinander in die Glasur tauchen. Überschüssige Flüssigkeit abtropfen lassen und die Röschen wieder auf das Blech setzen. Wenn alle glasiert sind, die Blumenkohlröschen wieder in den Ofen schieben und weitere 20–25 Minuten backen, bis die Glasur trocken aussieht und leicht karamellisiert ist. Die Blumenkohlröschen auf einer Platte anrichten und mit Minzeblättern garnieren.

Mit einer Schale Raita zum Dippen servieren.

Naan: pur, mit Knoblauch und Peshwari

Ergibt 8 Stück

—

Zubereitung: 35 Minuten (zzgl. Teiggare)
Garzeit: 15 Minuten

125 ml lauwarmer Pflanzendrink
1 TL weißer Zucker
1 Päckchen Trockenbackhefe
70 g veganer Joghurt
60 ml Aquafaba (Seite 11)
2 EL Pflanzenöl, plus etwas zum Einfetten
375 g Weizenmehl, plus etwas zum Bestäuben
½ TL Salz

Knoblauch-Naan
5 Knoblauchzehen, fein gehackt
60 g vegane Butter, zerlassen
15 g Koriandergrün, fein gehackt

Peshwari-Naan
80 g Rosinen
50 g Mandelblättchen
50 g Kokosraspel

Naan-Brote werden traditionell in einem Tandoor (Lehmofen) gebacken, wodurch sie ihre charakteristischen dunkelbraunen, fast schwarz verbrannten Flecken und ihre fluffige Krume erhalten. Um ein ähnliches Ergebnis auch ohne Tandoor zu erzielen, backe ich die Fladen erst im Ofen und kokele sie dann über einer offenen Flamme leicht an.

Pflanzendrink, Zucker und Hefe in einer großen Schüssel mischen und 5 Minuten quellen lassen, bis sich Bläschen bilden. Joghurt, Aquafaba und Öl unterrühren. Mehl und Salz darübersieben und mischen, bis die Zutaten gebunden sind. Den Teig 7–10 Minuten auf der gut bemehlten Arbeitsfläche kneten, bis er glatt und elastisch ist, zu einer Kugel formen und zurück in die Schüssel geben. Mit einem Tuch abdecken und an einem warmen Ort etwa 60 Minuten gehen lassen, bis sich das Teigvolumen verdoppelt hat.

Den Backofen auf 180 °C vorheizen und zwei Backbleche einfetten. Den Teig zum Entgasen auf der bemehlten Arbeitsfläche kurz durchkneten. In acht Portionen teilen und jede zu etwa 3 mm dicken Ovalen ausziehen. Auf die Backbleche legen, abdecken und weitere 10 Minuten gehen lassen.

Die Brote 7–8 Minuten backen, bis sie fest, aber nicht gebräunt sind. Wenn du einen Gasherd hast, jedes Brot mit einer Zange über eine kleine Flamme halten, bis es rundherum golden und stellenweise verkohlt ist. Wenn du einen anderen Herd hast oder du nicht über einer offenen Flamme arbeiten willst, eine beschichtete Pfanne oder eine Grillpfanne bei schwacher Hitze heiß werden lassen und die Brote nacheinander von beiden Seiten bräunen.

Für Knoblauch-Naan die Hälfte des Knoblauchs sorgfältig in den Teig kneten. Dann den Teig wie oben beschrieben gehen lassen und backen. Die noch heißen Brote mit veganer Butter bestreichen und mit restlichem Knoblauch und Koriander bestreuen.

Für Peshwari-Naan Rosinen, Mandeln und Kokosraspel mischen. Die Teiglinge leicht flach drücken und je 1 gehäuften Esslöffel Rosinenmischung in die Mitte setzen. Die Teigränder um die Füllung verschließen. Die Teiglinge zu Fladen formen und wie oben beschrieben backen.

Dosas

GF

Für 4 Personen

—

Zubereitung: 20 Minuten
Garzeit: 30 Minuten

180 g gegarter Langkornreis
160 g Reismehl
50 g Hafermehl*
1 TL Bockshornkleesamen
70 g veganer Joghurt
½ TL Salz
¼ TL Backnatron
2 EL Zitronensaft
Pflanzenöl, zum Backen
Kokos-Chutney (Seite 40), Dal makhani (Seite 42) oder Tarka Dal mit Fenchel und Pastinake (Seite 31), zum Servieren

Jedes Land hat seine Pfannkuchen, und im Fall von Südindien sind es Dosas, die traditionell aus fermentiertem Reis- und Linsenteig hergestellt und hauchdünn in einer *tawa* (einer großen indischen Pfanne) goldbraun und knusprig gebacken und dann aufgerollt werden. Mit einem Kokosnuss-Chutney serviert sind sie einfach unwiderstehlich. Fermentierte Lebensmittel sind zwar sehr gesund, allerdings dauert die Reifung von Dosa-Teig etwas länger, sodass man vorausplanen muss. Meine Version ist eine schnellere Alternative mit gegartem Reis – perfekt, um Reste vom Vorabend zu verwerten.

Reis, Reismehl, Hafermehl und Bockshornkleesamen mit 375 ml Wasser im Foodprozessor oder Mixer glatt pürieren: Wenn der Teig zwischen den Fingern gerieben wird, sollte keine Körnung zu spüren sein. Joghurt, Salz, Natron und Zitronensaft sorgfältig einarbeiten.

Eine große beschichtete Pfanne (oder eine gut eingebrannte *tawa* oder Gusseisenpfanne) leicht einfetten, bei mittlerer Hitze heiß werden lassen und überschüssiges Fett mit Küchenpapier auswischen. Zum Prüfen der richtigen Temperatur, ein paar Tropfen Wasser in die Pfanne geben. Wenn sie auf dem Pfannenboden tanzen, kann der Pfannkuchen gebacken werden.

Etwa 3 Esslöffel (60 ml) Teig in die Pfannenmitte geben und mit dem Löffelrücken kreisförmig verstreichen, sodass ein dünner, runder Pfannkuchen entsteht. Die Dosa 30–40 Sekunden backen. Wenn der Teig zu stocken beginnt, den Pfannkuchen mit etwas Öl beträufeln und weitere 60 Sekunden backen, bis er golden und knusprig ist. Mit einem Pfannenwender vom Pfannenboden lösen und zusammenklappen. Die andere Seite muss nicht gebacken werden. Aus der Pfanne heben. Aus dem restlichen Teig weitere Dosas backen. Heiß mit Kokos-Chutney und Dal servieren.

* Haferflocken in einen Mixer geben und sehr fein mahlen. Die benötigte Menge abwiegen.

Kokos-Chutney

GF

Zubereitung: 10 Minuten
Garzeit: 3 Minuten

50 g Kokosraspel
1 große grüne Chilischote, entkernt
½ kleine weiße Zwiebel, gehackt
3-cm-Stück Ingwer
1 EL geröstete Kichererbsen (Seite 20) – optional
1 TL Kokosöl
3 TL schwarze Senfsamen
½ TL Kreuzkümmelsamen
7 Curryblätter – optional
¼ TL Salz

Von allen indischen Chutneys ist dieses herrlich cremige und durch die Senfsamen wunderbar würzige Kokos-Chutney mit Abstand mein Favorit – der perfekte Partner zu Dosas oder Rotis und zu jedem Curry. Wenn du frische Kokosnuss auftreiben kannst, ersetze die Kokosraspel durch etwa 40 g frisch geriebenes Kokosfleisch. Da es mehr Feuchtigkeit enthält, sollte die Wassermenge um etwa 1 Esslöffel reduziert werden.

Kokosraspel, Chili, Zwiebel, Ingwer, 60 ml Wasser und Kichererbsen, falls verwendet, zu einer glatten Paste mixen. In eine Glasschüssel füllen und beiseitestellen.

Das Kokosöl in einer mittelgroßen Pfanne erhitzen. Senf- und Kreuzkümmelsamen darin bei mittlerer Hitze braten, bis sie zu duften und die Senfsamen zu knacken beginnen. Die Curryblätter, falls verwendet, hinzufügen und knusprig braten. Das Gewürzöl zur Kokosmischung geben und unterrühren. Mit Salz abschmecken.

Wenn das Chutney mit trockenen Kokosraspeln zubereitet wird, hält es 4–5 Tage im Kühlschrank, mit frisch geraspeltem Kokosfleisch nur 2–3 Tage.

HINWEIS Du kannst das Chutney auch stückiger zubereiten. Dafür die Zutaten nicht mixen, sondern Zwiebel, Ingwer und Chili sehr fein hacken und dann mit Kokosraspeln und Wasser mischen. Die Kichererbsen in diesem Fall weglassen.

Minze-Gurken-Raita

GF

Für 4 Personen

—

Zubereitung: 10 Minuten
Garzeit: wird nicht gegart

260 g veganer Joghurt
1-cm-Stück Ingwer, fein gehackt
15 g frisch gehackte Minzeblätter
Saft von ½ Zitrone
¼ TL Garam Masala
50 g geriebene Salatgurke, vor dem Wiegen ausgedrückt
1 Prise Salz

Ein Raita ist genau das Richtige zu einem scharfen Curry, weil es einen kühlenden, erfrischenden Kontrast bietet. Wenn ich indisch koche, mache ich auch immer ein Raita, weil es so wunderbar zu fast allem passt! Probier es mal zu Tandoori-Blumenkohl (Seite 35) oder zu den Süßkartoffel-Zwiebel-Pakoras (Seite 46).

Alle Zutaten in einer Schüssel verrühren und im Kühlschrank ziehen lassen. Raita wird am besten gekühlt serviert.

Dal makhani

GF

Für 4 Personen

—

Zubereitung: 20 Minuten (zzgl. Einweichen)
Garzeit: 45 Minuten

220 g ganze Urad Dal (Urdbohnen), 4 Stunden oder über Nacht eingeweicht*
1 Dose Kidneybohnen (400 g), abgebraust und abgetropft
1 TL Pflanzenöl
1 TL Kreuzkümmelsamen
1 Prise Asafoetida – optional
1 große weiße Zwiebel, fein gehackt
6 Knoblauchzehen, fein gehackt
3-cm-Stück Ingwer, fein gehackt
2 Tomaten, gewürfelt
½–1 TL Chilipulver
125 ml Pflanzendrink
1 TL Salz
1 TL Garam Masala
60 ml Sojasahne
Koriandergrün und gehackte Cashewkerne, zum Garnieren
Tomaten-Kasundi (Seite 44), zum Servieren

Dal makhani lohnt sich definitiv! Es braucht zwar Zeit, die Linsen einzuweichen und sie dann bei schwacher Hitze cremig zu kochen, aber das Geschmackserlebnis ist den Aufwand allemal wert. Normalerweise wird das Gericht mit reichlich Butter und Sahne zubereitet. Meine Version ist leichter, aber genauso cremig und lecker, sodass alle Teller garantiert mit Naan ausgewischt werden.

Urad Dal und Kidneybohnen mit 1 Liter Wasser in einen großen Topf geben und aufkochen. Die Hitze reduzieren und 30 Minuten köcheln lassen, bis die Bohnen weich sind.

In der Zwischenzeit das Öl in einer mittelgroßen beschichteten Pfanne erhitzen. Kreuzkümmelsamen und Asafoetida darin bei mittlerer Hitze etwa 1 Minute braten, bis der Kreuzkümmel zu duften beginnt und der Geruch des Asafoetida langsam schwindet. Zwiebeln, Knoblauch und Ingwer hinzufügen und braten, bis die Zwiebeln weich und glasig sind. Tomaten und Chilipulver untermischen und bei schwacher Hitze 3–5 Minuten garen, bis die Tomaten Saft gezogen haben.

Die weichen Bohnen mit dem restlichen Kochwasser mit einem Kartoffelstampfer zerdrücken, sodass sie Stärke abgeben und weiter eindicken.

Den Topf wieder auf den Herd stellen und die Zwiebelmischung mit Pflanzendrink und Salz in das Bohnenmus rühren. Etwa 15 Minuten garen, bis das Dal dick und cremig ist, dann das Garam Masala einrühren. Vom Herd nehmen und das Dal mit der Sojasahne beträufeln. Mit Koriandergrün und Cashewkernen garnieren und mit Tomaten-Kasundi servieren.

*Wenn du keinen Urad Dal bekommst, sind grüne Mungbohnen ein guter Ersatz.

Tomaten-Kasundi

Zubereitung: 15 Minuten
Garzeit: 1½ Stunden

1 EL Pflanzenöl
1 EL schwarze Senfsamen
1 EL gemahlene Kurkuma
2 EL gemahlener Kreuzkümmel
2 EL Chilipulver
5-cm-Stück Ingwer, fein gehackt
4 Knoblauchzehen, fein gehackt
1 grüne Chilischote, entkernt und gehackt
170 ml Apfelessig
2 Dosen gehackte Tomaten (à 400 g)
60 g brauner Zucker
1 TL Salz

Dieses feurige Chutney ist schnell zubereitet und lässt sich gut im Kühlschrank aufbewahren. Betrachte es als eine Art Relish, ähnlich wie Ketchup – würzig und saucig, aber mit ziemlich viel Dampf dahinter. Wenn du nicht gerne scharf isst, kannst du das Chilipulver natürlich weglassen.

Das Öl in einer beschichteten Pfanne erhitzen. Senfsamen, Kurkuma, Kreuzkümmel und Chilipulver darin bei mittlerer Hitze 5 Minuten braten. Ingwer, Knoblauch, Chili und 2 Esslöffel Essig unterrühren und weitere 5 Minuten garen.

Tomaten, Zucker, Salz und restlichen Essig unterrühren und bei schwächster Hitze etwa 60 Minuten eindicken lassen. Das Chutney ist fertig, wenn sich etwas Öl an der Oberfläche absetzt.

Vollständig erkalten lassen, dann in ein sterilisiertes Schraubglas füllen. Der Relish hält sich bis zu 2 Wochen im Kühlschrank.

Minz-Chutney

GF

Für 6–8 Personen
—
Zubereitung: 10 Minuten
Garzeit: 5 Minuten

1 TL Pflanzenöl
1 TL Senfsamen
20 g frische Minzeblätter
50 g Kokosraspel
2 grüne Chilischoten, entkernt
1 TL Tamarindenpaste
¼ TL Salz
60 ml Kokosmilch, plus ggf. etwas zum Verdünnen
1 EL geröstete Kichererbsen (Seite 22) – optional

Dieses fantastisch frische und würzige Chutney hat es in sich. Es ist die perfekte Ergänzung zu jedem indischen Fingerfood wie Süßkartoffel-Zwiebel-Pakoras (Seite 46) oder Blumenkohl-Samosas (Seite 29) und sorgt für tolle zusätzliche Aromen.

Das Öl in einer Pfanne erhitzen. Die Senfsamen bei starker Hitze braten, bis sie zu knacken beginnen. Die Minzeblätter hinzufügen und braten, bis sie zusammenfallen.

Die Mischung mit Kokosraspeln, Chilischoten, Tamarinde, Salz, Kokosmilch und, falls verwendet, Kichererbsen, in den Mixer geben und glatt pürieren. Bei Bedarf esslöffelweise weitere Kokosmilch einarbeiten.

Das Chutney in ein Schraubglas füllen und idealerweise gekühlt servieren. Im Kühlschrank hält es sich 3–4 Tage.

Mango-Chutney

GF

Für 6–8 Personen
—
Zubereitung: 15 Minuten
Garzeit: 15 Minuten

2 Mangos, Fruchtfleisch gewürfelt
3-cm-Stück Ingwer, fein gehackt
¼ TL gemahlener Kreuzkümmel
1 Prise Paprikapulver
175 g Reissirup
8 Kardamomkapseln, Samen herausgelöst
1 EL Zitronensaft
1 Prise Salz

Mango-Chutney ist die ultimative Begleitung zu jedem indischen Hauptgericht, schmeckt aber ebenso gut auf Sandwiches und in Wraps. Diese schnelle Version ist perfekt, um Mangos zu verwerten, die ihre beste Zeit schon hinter sich haben.

Ein Drittel des Mangofruchtfleischs mit Ingwer, Kreuzkümmel, Paprikapulver, Reissirup und 60 ml Wasser in den Mixer geben und glatt pürieren. Das Püree mit restlichem Mangofruchtfleisch, Kardamom, Zitronensaft und Salz in einen Topf füllen und aufkochen. Die Hitze reduzieren und etwa 10 Minuten köcheln lassen, bis die Masse cremig und eingedickt ist.

In ein sterilisiertes Schraubglas füllen und erkalten lassen. Das Chutney hält sich bis zu 1 Monat im Kühlschrank und sollte idealerweise gekühlt serviert werden.

Süßkartoffel-Zwiebel-Pakoras

GF

Ergibt 12 Stück (für 4 Personen als Beilage)

—

Zubereitung: 15 Minuten
Garzeit: 20 Minuten

90 g Kichererbsenmehl
50 g Reismehl
2 TL Speisestärke
2 TL Garam Masala
½ TL gemahlene Kurkuma
1 TL gemahlener Kreuzkümmel
¼ TL Chilipulver
1-cm-Stück Ingwer, fein gehackt
½ TL Salz
¼ TL gemahlener schwarzer Pfeffer
125 ml Pflanzendrink
1 weiße Zwiebel, in Ringen
1 Süßkartoffel, geschält, in Spiralen
Öl, zum Einfetten
Minzeblätter, Minz- oder Mango-Chutney (Seite 45), zum Servieren

Diese Pakoras sind wunderbar saftig und sehr vielseitig, weil sie auch mit anderem Gemüse, das gerade im Kühlschrank rumdümpelt, zubereitet werden können, wie spiralisierte Zucchini oder gehobeltem Kohl. Serviere diese knusprigen Puffer mit einem Minz-Chutney oder einem Minze-Gurken-Raita (Seite 41), die für eine tolle Frische sorgen. Wenn du keinen Spiralisierer hast, kannst du das Gemüse auch mit einem Juliennereißer bearbeiten oder einfach in feine Streifen schneiden.

Den Backofen auf 230 °C vorheizen und ein Backblech mit Backpapier belegen.

Beide Mehle und die Speisestärke in eine große Schüssel sieben. Gewürze, Ingwer, Salz und Pfeffer untermischen. Nach und nach den Pflanzendrink mit dem Schneebesen einarbeiten, bis ein klümpchenfreier Teig entstanden ist. Zwiebeln und Süßkartoffeln unterheben.

Schöpflöffelgroße Teigportionen auf das vorbereitete Backblech setzen. Bei Bedarf zu lange Gemüsespiralen mit einer Schere einkürzen. Die Pakoras im vorgeheizten Ofen 15 Minuten backen. Die Oberfläche dünn mit Öl bestreichen und weitere 5 Minuten backen, bis sie goldbraun und fest sind.

Die Pakoras etwas abkühlen lassen. Mit Minze garnieren und mit einem Chutney oder Raita servieren.

Veganes „Butter Chicken"

GF

Seitan durch 1½ Blöcke (450 g) extrafesten Tofu oder 2 Dosen Kichererbsen (à 400 g) ersetzen.

Für 4 Personen

—

Zubereitung: 20 Minuten (zzgl. Einweichen der Cashewkerne)
Garzeit: 25 Minuten

1 TL Pflanzenöl
1 TL Kreuzkümmelsamen
½ TL Koriandersamen
1 weiße Zwiebel, gewürfelt
4 Knoblauchzehen, fein gehackt
1-cm-Stück Ingwer, fein gehackt
½ TL gemahlene Kurkuma
¼ TL Chilipulver
1 Prise gemahlener Zimt
500 ml passierte Tomaten
40 g Cashewkerne, 60 Minuten in Wasser eingeweicht
125 ml Pflanzendrink
1 TL weißer Zucker
1 TL Zitronensaft
1 Prise gemahlener schwarzer Pfeffer
⅓ TL Salz
2 TL Garam Masala
1 Portion Seitan-„Hähnchen" (Seite 21), in feinen Streifen
Koriandergrün, zum Garnieren
Limettenspalten, Reis und Naan (Seite 36), zum Servieren

Mein Butter Chicken enthält weder Butter noch Hähnchenfleisch, weshalb es vielleicht etwas irreführend ist, dieses Gericht so zu nennen. Aber ich verspreche, es ist so nahrhaft und lecker, dass es auch eingefleischte Karnivoren überzeugt …

Das Öl in einer großen beschichteten Pfanne erhitzen. Kreuzkümmel- und Koriandersamen darin bei mittlerer Hitze etwa 1 Minute braten, bis sie zu duften beginnen. Zwiebel, Knoblauch und Ingwer dazugeben und braten, bis die Zwiebel weich und glasig ist. Wenn die Mischung zu trocken wird, 1 Spitzer Wasser hinzufügen. Kurkuma, Chilipulver und Zimt hinzufügen, dann die passierten Tomaten einrühren. Die Cashewkerne abtropfen lassen, ebenfalls in die Pfanne geben und alles 5 Minuten sanft köcheln lassen.

Die Mischung in einen Mixer geben und mit Pflanzendrink, Zucker, Zitronensaft, Pfeffer und Salz zu einer glatten Masse pürieren. Die Masse zurück in die Pfanne füllen. Garam Masala und Seitan untermischen und 5–10 Minuten sanft köcheln lassen, bis die Sauce etwas eingedickt und das Seitan heiß ist. Das „Butter Chicken" mit Koriandergrün garnieren und mit Limettenspalten, Reis und Naan servieren.

Chana-Masala-Kartoffeln

Für 4 Personen

—

Zubereitung: 20 Minuten
Garzeit: 30 Minuten

4 Kartoffeln (etwa 600 g)
1 EL Garam Masala
1 EL Kokosöl
Saft von ½ Limette
½ TL Salz

Chana Masala
1 TL Pflanzenöl
2 TL Kreuzkümmelsamen
1 Prise Asafoetida – optional
1 weiße Zwiebel, gewürfelt
4 Knoblauchzehen, fein gehackt
3-cm-Stück Ingwer, fein gehackt
½ TL gemahlene Kurkuma
4 Tomaten, gehackt
2 Dosen Kichererbsen (à 400 g), abgetropft
1 TL Garam Masala
3 TL Chana-Masala-Gewürzmischung* oder Garam Masala
1 TL weißer Zucker
½ TL Salz
¾ TL Mangopulver (*amchoor*) oder 2 TL Zitronensaft
Gehacktes Koriandergrün und eingelegte rote Zwiebeln, zum Garnieren

Wenn dieses Gericht wie im Restaurant schmecken soll, brauchst du eine gute Chana-Masala-Gewürzmischung, die du online oder in asiatischen Supermärkten findest. Alternativ einfach mehr Garam Masala verwenden. Keinesfalls das Mangopulver (*amchoor*) weglassen, denn es verleiht dem Gericht einen unverwechselbaren feinsäuerlichen Geschmack, der wirklich den Unterschied ausmacht.

Den Backofen auf 200 °C vorheizen und ein Backblech mit Backpapier belegen. Die Kartoffeln in feine Spalten schneiden und 10 Minuten in einer Schüssel mit kaltem Wasser einweichen, dann abtropfen lassen und mit Küchenpapier trocken tupfen. Die Kartoffelspalten auf das Backblech geben und mit Garam Masala, Öl, Limettensaft und Salz vermengen. Gleichmäßig verteilen und im vorgeheizten Ofen 30 Minuten backen. Dabei nach der Hälfte der Zeit wenden.

In der Zwischenzeit für das Chana Masala das Öl in einem großen Topf erhitzen. Kreuzkümmelsamen und Asafoetida darin bei mittlerer Hitze braten, bis der Kreuzkümmel zu duften beginnt und das Asafoetida seine Schärfe verloren hat. Knoblauch, Ingwer und Kurkuma dazugeben und weiterbraten, bis die Zwiebel weich und glasig ist und der Knoblauch duftet. Die Tomaten dazugeben und etwa 5 Minuten köcheln lassen, bis die Tomaten weich sind und Saft gezogen haben. Kichererbsen, Garam Masala und Chana-Masala-Gewürzmischung sorgfältig unterrühren und weitere 5 Minuten garen, bis die Mischung saucenartig eingedickt ist. Zucker, Salz, Mangopulver oder Zitronensaft einrühren. Das Chana Masala auf den Kartoffelspalten anrichten und mit Koriander und eingelegten roten Zwiebeln garniert servieren.

* Die Gewürzmischung enthält Chilipulver. Wenn du nicht gerne scharf isst, nimm einfach weniger davon und stattdessen mehr Garam Masala.

Bohnen Tikka

GF

Für 4 Personen

—

Zubereitung: 20 Minuten
Garzeit: 25 Minuten

70 g veganer Joghurt
3 Knoblauchzehen, fein gehackt
3-cm-Stück Ingwer, fein gehackt
½ TL gemahlene Kurkuma
1 TL Garam Masala
¼ TL Chilipulver
½ TL Salz
2 Dosen weiße Bohnen (à 400 g), abgetropft

Tikka

1 TL Pflanzenöl
1 große weiße Zwiebel, gehackt
2 Knoblauchzehen, fein gehackt
5-cm-Stück Ingwer, fein gehackt
1 Lorbeerblatt
1 TL gemahlener Kreuzkümmel
1 TL gemahlener Koriander
½ TL gemahlener Zimt
1 EL Garam Masala
2 TL geräuchertes Paprikapulver
2 EL Tomatenmark
4 große Tomaten, gehackt, oder 250 ml passierte Tomaten
25 g Korianderstängel, gehackt
70 g veganer Joghurt
1 EL Reissirup
1 TL Zitronensaft
Naan (Seite 36) oder Reis, zum Servieren

Weiße Bohnen gehören zu meinen Lieblingsbohnen. Sie sind herzhaft und wunderbar buttrig und eignen sich wegen ihres Stärkegehalts bestens für dieses Tikka. Wenn du eine andere Bohnensorte lieber magst, kannst du das Tikka natürlich auch damit zubereiten.

Den Backofen auf 200 °C vorheizen und ein Backblech einfetten. Joghurt, Knoblauch, Ingwer, Kurkuma, Garam Masala, Chilipulver und Salz in einer großen Schüssel verrühren. Die Bohnen sorgfältig untermischen, dann auf dem Backblech verteilen und im vorgeheizten Ofen 15–17 Minuten backen, bis sie trocken und leicht knusprig sind.

In der Zwischenzeit für das Tikka das Öl in einer großen beschichteten Pfanne erhitzen. Zwiebel, Knoblauch und Ingwer darin bei mittlerer Hitze etwa 2 Minuten braten, bis sie zu duften beginnen und die Zwiebel weich ist. Lorbeerblatt und Gewürze dazugeben und 1 Minute garen, bis sie zu duften beginnen. Tomatenmark, gehackte Tomaten und Koriander untermischen, dann zugedeckt aufkochen. Die Hitze reduzieren und das Tikka zugedeckt 5 Minuten köcheln lassen. Die Bohnen sowie Joghurt, Sirup und Zitronensaft hinzufügen. Nochmals aufkochen, dann vom Herd nehmen.

Warm mit Naan oder Reis servieren.

Kofta Curry

GF *Glutenfreie Weißbrotbrösel verwenden*

Für 5–6 Personen

—

Zubereitung: 20 Minuten
Garzeit: 40 Minuten

Koftas

110 g Rundkornreis
100 g rote Linsen
1 TL Pflanzenöl
1 weiße Zwiebel, gehackt
200 g sehr fein gehackte Pilze
1 Portion veganer Ei-Ersatz (Seite 22)
140 g Weißbrotbrösel
2 EL Garam Masala
⅓ TL Salz
¼ TL frisch gemahlener schwarzer Pfeffer

Sauce

1 EL gemahlener Koriander
2 TL gemahlener Kreuzkümmel
½ TL gemahlene Kurkuma
½–1 TL Chilipulver
1 TL Garam Masala
500 ml passierte Tomaten
375 ml Gemüsebrühe
125 ml Pflanzendrink
1 TL weißer Zucker
1 EL Zitronensaft
1 Lorbeerblatt
130 g veganer Joghurt oder 125 ml Kokosmilch
Gehacktes Koriandergrün, zum Garnieren

Die Linsen sorgen in diesem Gericht für die Extraportion Eiweiß und machen diese vegane Kofta-Variante zu einer sättigenden, nährstoffreichen Mahlzeit.

Den Backofen auf 200 °C vorheizen und ein Backblech mit Backpapier belegen.

Für die Koftas den Reis mit 750 ml Wasser in einen großen Topf geben und 5 Minuten kochen. Die Linsen hinzufügen und weitere 10–15 Minuten kochen, bis Reis und Linsen weich sind.

In der Zwischenzeit das Öl in einer großen beschichteten Pfanne erhitzen und die Zwiebel darin anbraten. Die Pilze dazugeben und weiterbraten, bis sie zusammenfallen und weich werden.

Reis und Linsen abgießen und mit einem Kartoffelstampfer zerdrücken. Die Zwiebel-Pilz-Mischung hinzufügen. Dabei die Garflüssigkeit, die die Pilze abgegeben haben, in der Pfanne lassen. Ei-Ersatz, Weißbrotbrösel, Garam Masala, Salz und Pfeffer untermischen. Die Masse zu etwa 20 Kugeln formen. Auf das Backblech setzen und im vorgeheizten Ofen 15–20 Minuten goldbraun backen.

In der Zwischenzeit alle Zutaten für die Sauce mit Ausnahme des Joghurts in einen großen Topf geben und aufkochen. Die Hitze reduzieren und 15–20 Minuten köcheln lassen, bis die Sauce eingedickt ist. Den Joghurt unterrühren. Die durchgegarten Koftas hineinsetzen. Mit Koriander garnieren und sofort servieren.

HINWEIS Du kannst für diese Koftas auch Reisreste verwerten; du brauchst 90 g gegarten Reis. Die Linsen dann separat in 250 ml Wasser weich kochen und abgießen. Unter den gegarten Reis mischen und zerdrücken.

Kedgeree

GF

Darauf achten, dass der geräucherte Tofu, den du verwendest, keine Sojasauce enthält.

Für 4 Personen

—

Zubereitung: 20 Minuten
Garzeit: 25 Minuten

20 Cocktailtomaten, halbiert
1 TL Pflanzenöl
1 weiße Zwiebel, gewürfelt
2 Kardamomkapseln, zerdrückt
½ TL gemahlene Kurkuma
1 Lorbeerblatt
1 EL Currypulver
½ TL gemahlener Koriander
300 g Basmatireis
560 ml Gemüsebrühe
½ TL Salz
140 g TK-Erbsen
¼ TL gemahlener schwarzer Pfeffer
1 EL Zitronensaft
200 g Räuchertofu, gewürfelt
Sojajoghurt, Zitronenspalten und gehacktes Koriandergrün, zum Servieren

Dies ist ein westliches Gericht, das an ein indisches Gericht aus Reis und Linsen, *khichari*, angelehnt ist. Deshalb wird dafür auch Currypulver verwendet, was man normalerweise in einem traditionellen indischen Gericht nicht macht, sondern die Curry-Gewürze einzeln verarbeitet und zufügt. Dennoch, seine südasiatischen Wurzeln sorgen dafür, dass ein Kedgeree wunderbar aromatisch duftet. Meine Version wird mit blanchierten Tomaten zubereitet. Das Kedgeree kann warm oder kalt, zum Frühstück oder als Mittagessen serviert werden.

Die Cocktailtomaten unter dem heißen Backofengrill 10 Minuten garen, bis sie prall sind und die Haut Blasen wirft.

In der Zwischenzeit das Öl in einer großen beschichteten Pfanne erhitzen. Die Zwiebeln darin bei mittlerer Hitze in etwa 4 Minuten weich und glasig braten. Kardamom, Kurkuma, Lorbeerblatt, Currypulver und Koriander untermischen, bis die Zwiebeln gut mit den Gewürzen überzogen sind. Den Reis untermischen, bis die Körner ebenfalls mit Gewürzen überzogen sind. Mit der Brühe ablöschen und aufkochen. Salz und Erbsen dazugeben. Die Hitze reduzieren und zugedeckt 10–12 Minuten köcheln lassen, bis der Reis gar ist.

Pfeffer, Zitronensaft, Tofuwürfel und Cocktailtomaten untermischen. Das Kedgeree warm mit einem Klacks Sojajoghurt, einer Zitronenspalte und etwas Koriandergrün garniert servieren.

GF

Für 2 Personen

—

Zubereitung: 5 Minuten
Garzeit: wird nicht gegart

250 ml gekühlter Pflanzendrink
260 g veganer Joghurt
½ TL Schwarzsalz oder Tafelsalz
½ TL gerösteter gemahlener Kreuzkümmel

Gesalzenes Kreuzkümmel-Lassi

Hier kommt ein klassisches gesalzenes Lassi, aber mit Kreuzkümmel aromatisiert. Röste erst die ganzen Kreuzkümmelsamen bei niedriger bis mittlerer Hitze ohne Fett in einer heißen Pfanne, bis sie duften, und lass sie dann vor dem Mahlen etwas abkühlen.

Alle Zutaten in einen Mixer geben und glatt pürieren.

GF

Für 2 Personen

—

Zubereitung: 10 Minuten
Garzeit: wird nicht gegart

2 reife Mangos, geschält und Fruchtfleisch vom Stein gelöst, oder 250 ml Mangomark
250 ml gekühlter Pflanzendrink
¼ TL gemahlener Kardamom oder Samen von 4 Kardamomkapseln
130 g veganer Joghurt
2–3 Eiswürfel – optional
1–2 EL weißer Zucker

Süßes Mango-Kardamom-Lassi

Traditionell ist Lassi ein herzhaftes Getränk, aber ich mag es auch süß und fruchtig, verfeinert mit dem zarten Duft von Kardamom. Wenn du raffinierten Zucker vermeiden willst, kannst du Rohrohrzucker oder braunen Reissirup zum Süßen verwenden. Lassi bietet unendlich viele Möglichkeiten, von denen ich hier einige weitere süße Varianten aufgelistet habe.

Alle Zutaten außer dem Zucker in einen Mixer geben und glatt pürieren. Bei Bedarf etwas Zucker einarbeiten. Die benötigte Menge hängt letztlich von der Süße der Mangos ab und davon, wie süß du dein Lassi magst.

Für Bananen-Lassi die Mangos durch 2 Bananen ersetzen.

Für Erdbeer-Rosen-Lassi Mangos und Kardamom durch 160 g geputzte Erdbeeren und ¼ Teelöffel Rosenwasser ersetzen.

Für Ingwer-Ananas-Lassi Mangos und Kardamom durch 160 g Ananasstückchen und 1–2 Teelöffel geriebenen Ingwer ersetzen.

Für Orangen-Zimt-Lassi Mangos und Kardamom durch 2 geschälte und in Stücke geschnittene Orangen und ¼ Teelöffel gemahlenen Zimt ersetzen.

Für Papaya-Limetten-Lassi Mangos und Kardamom durch 240 g Papayawürfel und den Saft von 1 Limette ersetzen.

Cremiges Möhren-Halwa

GF

Für 4 Personen

—

Zubereitung: 15 Minuten
Garzeit: 30 Minuten

400 g Möhren, geraspelt
625 g Pflanzendrink
¼ TL gemahlener Kardamom oder Samen von 4 Kardamomkapseln
½ TL gemahlene Kurkuma – optional
1–2 EL Reissirup
1 EL Kokosöl oder vegane Butter
1 Prise Salz
50 g Rosinen
40 g Pistazien- oder Cashewkerne, gehackt*
Mandelblättchen und Pistazienkerne, zum Garnieren

Geriebene Möhren für ein Dessert? Das mag auf den ersten Blick etwas seltsam erscheinen, aber über Möhren in einer Rüblitorte wundert man sich schließlich auch nicht. Hier werden Möhrenraspel mit Rosinen, Zucker und Gewürzen zu einer cremigen Süßspeise verarbeitet. Grüne Pistazienkerne als Garnierung sorgen für einen hübschen Farbkontrast.

Möhren und Pflanzendrink in einen mittelgroßen Topf geben und bei mittlerer Hitze 15 Minuten köcheln lassen. Kardamom und, falls verwendet, Kurkuma unterrühren. Unter ständigem Rühren weiterköcheln lassen, bis die Flüssigkeit fast vollständig verdampft ist. Sirup, Öl oder vegane Butter und Salz einrühren und 3–5 Minuten kochen, bis die Möhren saftig-cremig sind, sich aber keine Flüssigkeit mehr absetzt.

Zuletzt Rosinen und Nüsse untermischen. Den Topf vom Herd nehmen. Halwa schmeckt warm oder gekühlt. Garniere es vor dem Servieren in jedem Fall mit ein paar Mandelblättchen und gehackten Pistazienkernen.

* Als preiswertere Alternative Kürbiskerne verwenden.

Kulfi

GF

Für 4 Personen

—

Zubereitung: 30 Minuten (zzgl. Tiefkühlen)
Garzeit: 20 Minuten

- 250 ml Kokosmilch
- 100 g weißer Zucker
- 125 ml Pflanzendrink
- 80 g Cashewkerne
- 2 TL Speisestärke
- ¼ TL gemahlener Kardamom oder Samen von 4 Kardamomkapseln
- 1 Prise Salz
- ½ TL Mandelextrakt – optional
- 1 Prise gemahlene Kurkuma
- 40 g gehackte Pistazienkerne – optional
- Mandelblättchen und grob gehackte Pistazienkerne, zum Garnieren – optional

Indische Desserts werden in der Regel mit einer ordentlichen Portion Kardamom gewürzt, und auch Kulfi bildet da keine Ausnahme. Kardamom hat ein herrlich blumiges Aroma, das einen perfekten Kontrast zur reichhaltigen Kokosmilch bietet. Ich verwende zur Gelbfärbung gemahlene Kurkuma, weil Safran ja ziemlich teuer ist. Wenn du zufällig Safran im Gewürzregal hast, gib zwei oder drei Fäden mit der Kokosmilch in den Topf.

Kokosmilch und Zucker in einen mittelgroßen Topf geben und bei mittlerer Hitze aufkochen. Die Hitze reduzieren und 5 Minuten köcheln lassen.

In der Zwischenzeit Pflanzendrink, Cashewkerne, Speisestärke, Kardamom, Salz und Mandelextrakt, falls verwendet, im Mixer glatt pürieren, dann in die Kokosmilch einrühren. Die Hitze erhöhen und die Mischung unter ständigem Rühren aufkochen. Sobald die Mischung eingedickt ist, den Topf vom Herd nehmen und die Masse 10–20 Minuten zimmerwarm abkühlen lassen. Kurkuma und Pistazien unterrühren. In vier Stieleis- oder Eiswürfelformen füllen und mindestens 4 Stunden oder über Nacht tiefkühlen.

Vor dem Servieren die Förmchen 30 Sekunden in warmes Wasser tauchen oder mit den Händen anwärmen, damit sich das Kulfi besser herauslösen lässt. Nach Belieben mit Mandelblättchen und gehackten Pistazien garniert servieren.

Kardamomkonfekt

GF

Ergibt 9 große oder 16 kleine Stücke

—

Zubereitung: 15 Minuten
Garzeit: 30 Minuten

1 Dose Kokosmilch (400 ml)
110 g weißer Zucker
120 g Kichererbsenmehl
1 EL Kokosöl
70 g gehackte Cashew- oder Pistazienkerne, plus etwas zum Garnieren
¼ TL gemahlener Kardamom
1–2 EL Puderzucker – optional

Burfi **ist eine Art indisches Konfekt, das oft zu Diwali serviert wird. Genau wie sein westlicher Verwandter kann** ***burfi*** **unterschiedlich zubereitet werden. Dieses** ***besan burfi*** **ist eine Mischung aus Nüssen, Zucker und Kichererbsenmehl. Kichererbsenmehl klingt ungewöhnlich für ein Konfekt, tatsächlich wird es aber recht häufig in indischen Desserts verwendet und bringt als Bonus eine schöne Extraportion Protein!**

Kokosmilch und Zucker in einen schweren Topf geben und bei mittlerer Hitze rühren, bis sich der Zucker aufgelöst hat. Dann ohne Rühren 20 Minuten köcheln und eindicken lassen. Es sollten etwa 250 ml Flüssigkeit verbleiben.

In der Zwischenzeit das Kichererbsenmehl mit dem Kokosöl in eine große beschichtete Pfanne geben und bei schwacher Hitze rösten, bis es zu bräunen beginnt und etwas karamellartig duftet. Sofort aus der Pfanne in eine Schüssel kippen, damit es nicht anbrennt.

Das Kichererbsenmehl in eine große Schüssel sieben. Gehackte Nüsse und Kardamom untermischen. Nach Belieben mit etwas Puderzucker süßen. Wenn die Kokosmilch fertig ist, durch ein Haarsieb in die Schüssel gießen und alles gut vermischen.

Eine 20 cm große quadratische Form einfetten und mit Backpapier auslegen. Die Kichererbsenmasse einfüllen und mit einem zurechtgeschnittenen Stück Backpapier belegen. Die Masse flach drücken. Das obere Backpapier wieder abziehen. Die Masse mit einem gefetteten Messer oder einem Pizzarad in Quadrate oder Rauten schneiden. Mit gehackten Nüssen bestreuen und vor dem Servieren 1–2 Stunden im Kühlschrank fest werden lassen.

HINWEIS Du kannst dieses Konfekt auch mit Vanille aromatisieren. Dafür den gemahlenen Kardamom durch ½ Teelöffel Vanilleextrakt ersetzen.

02

Thailand

Thailand ist eine einzige Reizüberflutung – vom lähmenden Verkehr in Bangkok über die wuseligen Nachtmärkte bis hin zu den mit Essensständen und Garküchen gesäumten Straßen, an denen perfekt gereifte Früchte in allen Regenbogenfarben und glänzende Woks um die Wette strahlen. Auch das thailändische Essen selbst ist ein Fest für alle Sinne, dem man nur schwer widerstehen kann.

Jedes Gericht ist ein feiner, komplexer Balanceakt aus salzigen, süßen, sauren und würzigen Noten. In Thailand ist das Essen ein geselliges Ereignis und jedes Mal ein Fest. Freunde und Familie versammeln sich um einen großen Tisch, um die aufgetragenen Speisen, die immer auch Eindruck machen wollen, gemeinsam zu verspeisen. Mit kunstvoll geschnitztem Gemüse oder roten Frangipani-Blüten garniert sind sie ein Fest für das Auge wie für den Gaumen.

In thailändischen Gerichten steckt oft viel Arbeit und Liebe: Massaman-Currys schmoren lange vor sich hin, bis die Kokosmilch zu einer cremig-samtigen Sauce eingekocht ist. Currypasten werden in mühsamer Handarbeit mit Mörser und Stößel zubereitet, wobei der Duft von Kaffir-Limette und Galgant in der Luft hängt. Manche Gerichte aber – insbesondere aus einem glühend heißen Wok – sind fast so schnell zubereitet wie eine kurze Umarmung. So oder so, kaum eine andere Küche der Welt hat so viel Pepp und Persönlichkeit wie die thailändische!

Grüne-Papaya-Salat

GF *Glutenfreie Sojasauce verwenden.*

Für 2 Personen als Vorspeise
—
Zubereitung: 20 Minuten
Garzeit: wird nicht gegart

1 kleine grüne Papaya
10 Cocktailtomaten, halbiert
60 g grüne Bohnen, in 2–3 cm langen Stücken, blanchiert
Erdnusskerne und Limettenspalten, zum Garnieren

Dressing
1–2 Bird's-Eye-Chilischoten, entkernt und gehackt
2 Knoblauchzehen, zerdrückt
1 EL Tamarindenpaste
1 EL geriebener Palmzucker
1 EL zerstoßene geröstete Erdnusskerne
1 EL Sojasauce

Von Papayasalat, *tom tum*, habe ich zum ersten Mal meine thailändische Freundin Minty schwärmen gehört. Erst nachdem ich ihn selbst mal zubereitet hatte, weiß ich auch, warum sie so darauf steht. Der Salat ist ein geniales Zusammenspiel aus salziger Sojasauce, feuriger Chili und karamellig-süßem Palmzucker. Wenn du nicht so auf scharf stehst, lass die Chilis ganz raus. Wenn du Schwierigkeiten hast, grüne Papaya, zum Beispiel im Asialaden, aufzutreiben, nimm ersatzweise geschälte, entkernte Salatgurken, Zucchini oder auch nicht ganz so süße, herbe Äpfel. Was auch immer – achte darauf, dass das Fruchtfleisch fest ist und sich leicht in dünne Bänder schneiden lässt.

Die Papaya schälen und entweder mit einem Juliennereißer oder einer Raspel zerkleinern, bis das Kerngehäuse mit den unreifen Samen erreicht ist; du solltest 200 g Fruchtfleisch erhalten. Kerngehäuse und Samen entsorgen. Das zerkleinerte Fruchtfleisch im Kühlschrank aufbewahren, während die anderen Zutaten und das Dressing vorbereitet werden.

Für das Dressing Chilis und Knoblauch im Mörser zu einer Paste verarbeiten. Tamarindenpaste, Palmzucker, Erdnüsse und Sojasauce einarbeiten, bis ein cremiges Dressing mit kleinen Erdnusssplittern entstanden ist.

Cocktailtomaten und Bohnen hinzufügen und kräftig untermischen, sodass sie etwas angedrückt werden. Die zerkleinerte Papaya untermischen, sodass sie gleichmäßig mit dem Dressing überzogen ist.

Den Salat mit Erdnüssen und Limettenspalten garniert servieren.

HINWEIS Wenn der Mörser nicht groß genug ist, um alle Zutaten auf einmal zu fassen, nimm die Hälfte des Dressings ab, bevor du das Gemüse reingibst, und arbeite in zwei Chargen.

Wenn du keinen Mörser hast, das Dressing im Blitzhacker oder der Küchenmaschine zubereiten, in eine Schüssel füllen, das gesamte Gemüse dazugeben und mit dem stumpfen Ende eines Nudelholzes oder einem stabilen Kochlöffel mischen und andrücken.

Pad Thai mit Tofu

GF *Sojasauce durch Tamari ersetzen.*

Für 4 Personen

—

Zubereitung: 20 Minuten
Garzeit: 20 Minuten

- 200 g getrocknete Reisbandnudeln
- 60 g Kichererbsenmehl
- ¼ TL Schwarzsalz oder Tafelsalz
- 2 EL Pflanzenöl
- 2 TL Tamarindenpaste
- 2 EL Sojasauce
- 1 EL Kokosblütenzucker oder geriebener Palmzucker
- 2 TL Limettensaft
- ½–1 TL Sriracha-Sauce
- 5 Knoblauchzehen, fein gehackt
- 3 Schalotten, fein gewürfelt
- 300–350 g gemischtes Gemüse wie gewürfelte Möhren, Babymaiskolben, Bohnensprossen, in Ringe geschnittene Frühlingszwiebeln
- 300 g extrafester Tofu, gepresst (Seite 25) und gewürfelt
- Gehackte Erdnusskerne, Limettenspalten, Bohnensprossen und gehacktes Koriandergrün, zum Garnieren

Ein gutes Pad Thai ist einfach der Hammer! Achte darauf, die Reisnudeln nicht zu lange einzuweichen. Sie sollen noch Biss haben, wenn sie in den Wok geworfen werden, wenn die Nudeln weicher werden sollen, kannst du immer noch etwas Wasser in den Wok gießen. Übergarte Nudeln hingegen sind nicht mehr zu retten!

Zunächst die Reisnudeln einweichen. Dafür einen Topf Wasser aufkochen, dann vom Herd nehmen. Die Nudeln darin 4–7 Minuten quellen lassen, bis sie durchscheinend weiß werden. Sie sollen biegsam sein, aber nicht weich. Die Nudeln in ein Sieb geben und unter fließendem kaltem Wasser abschrecken, bis sie abgekühlt sind. Dadurch wird auch überflüssige Stärke abgewaschen. Gründlich abtropfen lassen und beiseitestellen.

Kichererbsenmehl, Salz und 125 ml Wasser in einer Schale klümpchenfrei verrühren. Etwas Öl in einem Wok oder einer tiefen beschichteten Pfanne erhitzen. Die Kichererbsenmasse darin bei mittlerer bis starker Hitze etwa 2 Minuten braten. Dann mit einem Spatel verrühren und 5–6 Minuten weitergaren, bis die Masse zu stocken beginnt. Große Klumpen so gut wie möglich auflockern, sodass die Masse an Rührei erinnert. Auf einen Teller geben und ggf. noch mal in kleinere Klumpen zerteilen. Beiseitestellen.

Für die Pad-Thai-Sauce Tamarindenpaste, Sojasauce, Zucker, Limettensaft und Sriracha-Sauce in einer Schale verquirlen.

Den Wok auswischen und bei mittlerer Hitze wieder auf den Herd stellen. Knoblauch und Schalotten darin 4–5 Minuten anbraten, bis die Schalotten weich geworden sind. Zerkleinertes Gemüse, Pad-Thai-Sauce und Tofuwürfel untermischen. Die Nudeln ebenfalls untermischen; wenn sie noch zu hart sind, etwa 60 ml Wasser dazugeben. Unter Rühren 3–4 Minuten braten, bis Nudeln und Gemüse gar sind, aber noch Biss haben. Mit Erdnüssen, Limettenspalten, einer Handvoll Bohnensprossen und etwas gehacktem Koriander garnieren.

HINWEIS Wenn du mehr Zeit hast, bereite die Nudeln auf thailändische Art vor: 40–60 Minuten in kaltem Wasser einweichen, bis sie weiß, weich und biegsam sind, aber noch Biss haben. Gut abtropfen lassen. Entweder sofort weiterverarbeiten oder in einem Plastikbeutel bis zu 2 Tagen im Kühlschrank aufbewahren.

Tom yum mit Pilzen

GF *Sojasauce durch Tamari ersetzen.*

Für 4 Personen

—

Zubereitung: 10 Minuten
Garzeit: 30 Minuten

- 1,5 l Gemüsebrühe
- 2 Stängel Zitronengras, nur der weiße Teil, in feinen Ringen
- 4 Kaffir-Limettenblätter
- 1 rote Chilischote, entkernt und sehr fein gehackt
- 2 Schalotten, fein gehackt
- 6 Knoblauchzehen, fein gehackt
- 5-cm-Stück Ingwer oder Galgant, in 1 cm dicken Scheiben
- 200 g gemischte Pilze, wie kleine Champignons, Austernpilze und Shimejipilze
- 150 g Cocktailtomaten, halbiert
- ½ TL Chiliflocken
- 2 TL Kokosblütenzucker oder geriebener Palmzucker
- 1 EL helle Sojasauce
- 2 EL Limettensaft
- 300 g extrafester Tofu, gepresst (Seite 25) und gewürfelt
- ¼ TL Salz
- Koriandergrün, zum Garnieren

In meinen Kindertagen war diese kräftige, wohlige Suppe mein Lieblings-Thaigericht. Die Brühe hat die perfekte Balance zwischen scharf und sauer, was sie für mich einfach unwiderstehlich macht. Bei der Zubereitung von Tom yum sollte man nie an den Zutaten sparen. Zitronengras, Galgant, Kaffir-Limettenblätter und Chili verleihen der Suppe ein unverwechselbares frisches Aroma.

Alle Zutaten außer dem Koriander in einen großen Topf geben und aufkochen. Die Hitze reduzieren und die Zutaten zugedeckt 20–30 Minuten sanft köcheln lassen, bis die Aromen sich entfaltet haben und die Küche nach Zitronengras und Ingwer duftet.

Die Suppe in Schalen füllen und sehr heiß, mit Koriander garniert servieren.

Grünes Thai-Curry

GF *Sojasauce durch Tamari ersetzen.*

Für 4 Personen

—

Zubereitung: 30 Minuten
Garzeit: 30 Minuten

250 ml Kokosmilch
250 ml Gemüsebrühe
2 TL Sojasauce
1 TL Kokosblütenzucker oder geriebener Palmzucker
2 Kaffir-Limettenblätter
300 g extrafester Tofu, gepresst (Seite 25) und gewürfelt
1 große Aubergine, gewürfelt, oder 7–8 Babyauberginen, halbiert
1 große rote Chilischote, entkernt, in feinen Streifen
15 g Thai- oder normale Basilikumblätter
Gedämpfter Jasminreis, zum Servieren

Grüne Currypaste

2 Stängel Zitronengras, nur der weiße Teil, in feinen Ringen
5-cm-Stück Ingwer oder Galgant, gehackt
4 Knoblauchzehen, gehackt
3 Schalotten, gehackt
2 grüne Chilischoten, entkernt und gehackt
1 TL Kokosblütenzucker oder geriebener Palmzucker
1 TL gemahlener Koriander
½ TL gemahlener Kreuzkümmel
1 EL Sojasauce
2 EL Limettensaft
1 EL Tamarindenpaste
25 g Koriandergrün gehackt
15 g Thai- oder normale Basilikumblätter

Thailändische Currys sind oft etwas aufwendiger als ihre indischen Pendants, da man die Currypaste, deren intensive Aromen kaum zu übertreffen sind, möglichst selbst herstellen sollte. Um etwas Zeit zu sparen, kannst du natürlich auch eine gute fertige Currypaste verwenden. Wirf aber erst einen Blick auf die Zutatenliste, denn manche Produkte enthalten Fischsauce oder Garnelenpaste. Beachte außerdem, dass du davon nur gut 50 g brauchst, weil Fertigprodukte konzentrierter sind.

Die Currypaste sollte idealerweise im Mörser zubereitet werden, was etwas Mühe macht, aber mehr Aromen freisetzt und zu einer geschmackvolleren Paste führt. Alternativ die Zutaten im Blitzhacker oder im Mixer verarbeitet. Alle Zutaten einfach zerstoßen oder mixen, bis eine glatte Paste entstanden ist. Bei Bedarf, insbesondere beim Mixen, einen Spritzer Wasser einarbeiten.

Einen Schuss Kokosmilch in einen großen Topf geben. Die Currypaste einrühren und bei mittlerer Hitze etwa 4 Minuten unter häufigem Rühren braten, bis sich die Aromen entfalten und die ganze Küche herrlich duftet! Restliche Kokosmilch, Brühe, Sojasauce, Zucker, Limettenblätter und Tofu hinzufügen und zugedeckt aufkochen. Aubergine und Chili untermischen und 4–5 Minuten kochen.

Das Curry vom Herd nehmen und die Basilikumblätter unterziehen. Mit gedämpftem Jasminreis servieren.

Gebratener Reis mit Ananas

GF

Sojasauce durch Tamari ersetzen.

Für 4 Personen

—

Zubereitung: 15 Minuten
Garzeit: 15 Minuten

2 EL Pflanzenöl
150 g extrafester Tofu, gepresst (Seite 25) und zerkrümelt
¼ TL gemahlene Kurkuma
¼ TL Schwarzsalz oder Tafelsalz
2 Knoblauchzehen, fein gehackt
2 Frühlingszwiebeln, gehackt
3-cm-Stück Ingwer, fein gehackt
550 g gegarter Reis, gekühlt (idealerweise Jasminreis)
1 EL Sojasauce
1 TL Sriracha-Sauce
2 TL Sesamöl
250 g frische Ananasstücke
75 g TK-Erbsen
Koriandergrün und geröstete Cashewkerne, zum Garnieren

Auch diese vegane Version von gebratenem Reis wartet mit den klassischen süß-salzigen thailändischen Noten auf. Ananas mag eine sonderbare Zutat für gebratenen Reis sein, schmeckt aber super und ist längst nicht so suspekt wie Ananas auf einer Pizza. Ich schneide frische Ananas gern in zwei Hälften, hole das Fruchtfleisch mit einem Löffel heraus und verwende die ausgehöhlten Schalenhälften dann als Servierschalen. Das ist eine geniale Art, dieses unkomplizierte Gericht eindrucksvoll aussehen zu lassen.

Die Hälfte des Öls in einem Wok oder einer beschichteten Pfanne erhitzen. Den Tofu mit der Kurkuma darin bei mittlerer Hitze anbraten, bis er trockener und fester, fast wie Rührei aussieht. Mit dem Salz bestreuen und auf einen Teller geben.

Die Pfanne mit Küchenpapier auswischen. Das restliche Öl erhitzen. Knoblauch, Frühlingszwiebeln und Ingwer darin etwa 3 Minuten braten, bis sie zu duften beginnen. Den Reis hinzufügen und 2 Minuten braten, dabei mit einem Kochlöffel oder Pfannenwender auflockern.

Sojasauce, Sriracha-Sauce und Sesamöl unterrühren. Ananas, Erbsen und Tofu sorgfältig untermischen, dann weitere 2 Minuten garen, bis der Reis durcherhitzt ist.

Mit Korianderblättern und Cashewnüssen garnieren und heiß servieren.

Mango-Sommerrollen

GF *Sojasauce durch Tamari ersetzen und glutenfreie Hoisin-Sauce verwenden.*

Für 4 Personen

—

Zubereitung: 30 Minuten
Garzeit: 15 Minuten

300 g extrafester Tofu, gepresst (Seite 25), in Stiften
100 g getrocknete Reisvermicelli
12 Reis-Frühlingsrollenblätter
1 Mango, Fruchtfleisch vom Stein und in Streifen geschnitten
4 Stängel Minze, Blätter abgezupft
3 Frühlingszwiebeln, in feinen Streifen
3 kleine Möhren, geraspelt
75 g geröstete Erdnusskerne, grob gehackt
Schwarze und weiße Sesamsamen, zum Bestreuen

Tofumarinade

3-cm-Stück Ingwer, fein gehackt
2 EL Sojasauce
3 TL Limettensaft
1 TL Sriracha-Sauce
½ TL Flüssigrauch – optional

Dip

70 g Tahini
2 EL Hoisin-Sauce
½–1 TL Sriracha-Sauce
3 TL Limettensaft
1–2 EL heißes Wasser

Wenn ich meine Sommerrollen selbst mache, achte ich darauf, sie so gut zu würzen, dass sie auch ohne Sauce schmecken. Nicht, dass man auf die Sauce verzichten sollte – der Tahini-Hoisin-Dip ist so lecker, dass man ihn einfach so aus der Schale löffeln könnte.

Zuerst den Tofu marinieren. Dafür alle Zutaten für die Marinade in einer Schüssel verrühren. Den Tofu darin wenden und 10 Minuten ziehen lassen. Nach der Hälfte der Zeit wenden.

Den Backofen auf 180 °C vorheizen und ein Backblech einfetten.

Den marinierten Tofu auf dem Backblech verteilen und im vorgeheizten Ofen 15 Minuten backen.

In der Zwischenzeit für den Dip alle Zutaten in einer Schale verrühren. Dabei erst mal nur 1 Esslöffel Wasser einarbeiten und dann je nach Konsistenz des Tahini mehr Wasser unterrühren.

Die Nudeln 3 Minuten in reichlich kochendem Wasser garen. Dann abgießen und sofort in einer Schüssel mit kaltem Wasser abschrecken.

Vor dem Servieren die Nudeln abtropfen lassen. Eine flache Schüssel mit lauwarmem Wasser füllen. Die Reisblätter ein paar Sekunden vollständig eintauchen.

Das Reisblatt auf einer sauberen Arbeitsplatte oder einem Teller ausbreiten und etwas von jeder Zutat in der Mitte darauf verteilen. Wenn die Mango (so wie in der Abbildung gegenüber) herausschauen soll, nur eine Seite des Reisblatts darüberschlagen. Dann das Blatt aufrollen (siehe rechts).

Die Sommerrollen mit dem Dip servieren oder alle Zutaten auf einen Tisch stellen, sodass sich jeder seine Rollen selber drehen kann.

Sommerrollen falten

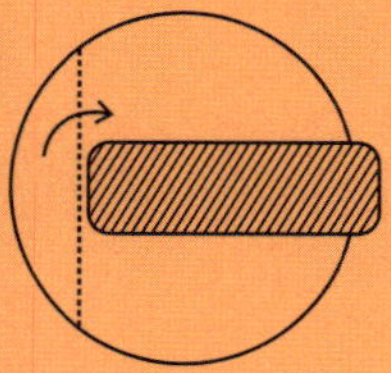

Die Füllung so auf das Reisblatt, egal ob rund oder quadratisch, legen, dass sie auf einer Seite darüber hinausragt.

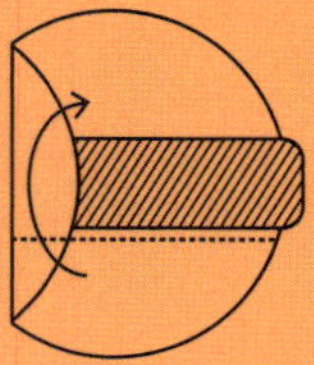

Die gegenüberliegende Seite straff über die Füllung schlagen.

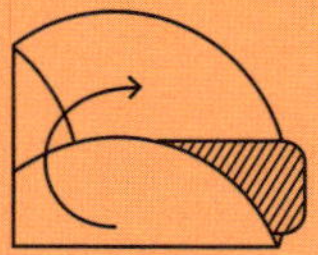

Den unteren Rand des Teigblatts straff darüberschlagen.

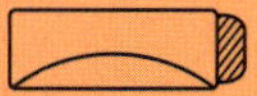

Fest aufrollen, bis eine kompakte Rolle mit einem offenen Ende entstanden ist.

Basilikum-„Hähnchen“

Für 4 Personen

—

Zubereitung: 15 Minuten
Garzeit: 10 Minuten

1 EL Pflanzenöl
1 rote Chilischote, entkernt und fein gehackt
2 Schalotten, fein gehackt
2 Knoblauchzehen, fein gehackt
80 g feine Sojaschnetzel, vorbereitet (Seite 25)
2 TL geriebener Palmzucker
2 TL helle Sojasauce
2 TL dunkle Sojasauce
1 EL vegetarische Austernsauce
15 g Heiliges-Basilikum- oder Thai-Basilikumblätter, plus etwas zum Garnieren
Gedämpfter Jasminreis und Limettenhälften, zum Servieren

Holy Basil hieß mein erster Foodblog – einfach, weil ich Heiliges Basilikum (auch als Tulsi oder Indisches Basilikum bekannt) so toll finde! Mit seinem nelkenartigen Aroma mit einem dezenten mentholartigen Abgang ist es etwas anders als andere Basilikumsorten. Puristen würden einwenden, dass man Basilikum-Hähnchen (*pad krapow gai*) ohne Tulsi erst gar nicht zu machen braucht. Aber in der veganen Küche geht es nicht zuletzt auch darum, immer schön flexibel zu bleiben und mit dem zu arbeiten, was man hat. Wenn du also kein Tulsikraut auftreiben kannst, nimm einfach Thai-Basilikum oder zur Not auch normales Basilikum, auch wenn das Gericht dann nicht ganz so pfeffrig schmeckt.

Das Öl in einer Pfanne erhitzen. Chili und Schalotten darin bei mittlerer Hitze etwa 3 Minuten braten, bis sie zu duften beginnen und die Schalotten weich und glasig sind. Den Knoblauch hinzufügen und weitere 2 Minuten braten.

Abgetropfte Sojaschnetzel, Zucker, beide Sojasaucen und Austernsauce sorgfältig unterrühren und 2 Minuten kochen lassen. Das Basilikum untermischen und garen, bis es zusammenfällt.

Mit Basilikumblättern garniert auf einem Bett aus Reis servieren. Limettenhälften zum Auspressen dazureichen.

Massaman-Curry mit Jackfruit

GF *Sojasauce durch Tamari ersetzen.*

Für 4 Personen

—

Zubereitung: 25 Minuten
Garzeit: 50 Minuten

250 ml Kokosmilch
125 ml Gemüsebrühe
2 Lorbeerblätter
1 Sternanis
1 Zimtstange
1 EL geröstetes Serundeng (Seite 22)
4 festkochende Kartoffeln (etwa 350 g), gedämpft
2 EL geriebener Palmzucker
2 EL Tamarindenpaste
1 Dose grüne Jackfruit (565 g), vorbereitet (Seite 25)
1 EL helle Sojasauce
Geröstete Erdnüsse und rote Chilischote in Streifen, zum Garnieren
Gedämpfter Jasminreis und Limettenspalten, zum Servieren

Massaman-Currypaste
4 Kardamomkapseln, nur die Samen
1 EL Koriandersamen
1 TL Fenchelsamen
½ TL Kreuzkümmelsamen
½ TL gemahlener Zimt
¼ TL gemahlene Gewürznelken
¼ TL gemahlene Muskatnuss
5 Knoblauchzehen, gehackt
2 Schalotten, grob gehackt
1 rote Chilischote, entkernt und gehackt
3-cm-Stück Ingwer, gehackt
1 Stängel Zitronengras, gehackt

Massaman-Curry, das angeblich aus Persien stammt, ist cremig und üppig, aber irgendwie auch fein und delikat. Für die Currypaste werden die ganzen Gewürze erst trocken geröstet und zerstoßen, bevor man sie mit den restlichen Zutaten zu einer Paste verarbeitet. Dadurch werden die Aromen intensiviert, die dem Curry eine besondere Tiefe verleihen. Auf keinen Fall fehlen dürfen hier auch Erdnüsse. Wenn du allerdings allergisch dagegen bist, kannst du sie durch Cashewkerne ersetzen, die eine ähnliche Nussigkeit haben. Reste lassen sich super für ein Mittagessen am nächsten Tag aufwärmen.

Für die Currypaste Kardamom, Koriander, Fenchel- und Kreuzkümmelsamen in einer Pfanne ohne Fett bei mittlerer Hitze etwa 2 Minuten rösten, bis sie zu duften beginnen. Dabei häufig umrühren, damit sie nicht verbrennen. Im Mörser (oder einer Gewürzmühle) pulvrig fein zerstoßen. Zimt, Gewürznelken und Muskatnuss untermischen. Knoblauch, Schalotten, Chili, Ingwer und Zitronengras dazugeben und zu einer Paste verarbeiten. Bei Bedarf 1 Esslöffel Wasser einarbeiten, vor allem wenn du einen Mixer verwendest.

Etwa ein Viertel der Kokosmilch in einem großen Wok oder Topf erhitzen. Die Currypaste einrühren und etwa 5 Minuten unter häufigem Rühren garen, bis die Aromen freigesetzt werden und die Küche herrlich duftet. Keine Sorge, wenn die Kokosmilch zu gerinnen beginnt; das kann bei Produkten ohne Stabilisatoren durchaus passieren. In Thailand ist es sogar erwünscht, dass die Kokosmilch gerinnt, weil es so authentischer ist!

Restliche Kokosmilch und Brühe unterrühren. Lorbeerblätter, Sternanis, Zimt und Serundeng sorgfältig unterrühren. Kartoffeln, Palmzucker, Tamarindenpaste und Jackfruit hinzufügen. Mit Sojasauce abschmecken, dann zugedeckt aufkochen. Die Hitze reduzieren und etwa 30 Minuten köcheln lassen. Zuletzt die Erdnüsse einrühren und weitere 2–3 Minuten garen.

Kurz vor dem Servieren das Curry abschmecken und, falls nötig, einen Schuss Sojasauce und/oder 1 Prise Palmzucker hinzufügen. Mit Jasminreis und Limettenspalten anrichten und mit Erdnüssen und Chili garnieren.

Thai-Frikadellen

GF *Sojasauce durch Tamari und Weizenmehl durch Reismehl ersetzen. Veganes Paniermehl verwenden.*

Je nach Currypaste ...

Ergibt 10 Stück

—

Zubereitung: 20 Minuten (zzgl. Einweichen)
Garzeit: 20 Minuten

1 Dose Artischockenherzen (390 g), abgetropft
40 g Sonnenblumenkerne, 1 Stunde in kaltem Wasser eingeweicht
2 EL rote Currypaste
1 Nori-Blatt, fein gehackt
2 Frühlingszwiebeln, in Ringen
½ TL helle Sojasauce
3-cm-Stück Ingwer, gerieben
1 TL Limettensaft
1 Portion veganer Ei-Ersatz (Seite 22)
30 g Pankobrösel
2 EL Weizenmehl
Koriandergrün, zum Garnieren

Panade
125 ml Pflanzendrink
75 g Weizenmehl
30 g Pankobrösel
25 g Kokosraspel
Salz und Pfeffer
Pflanzenöl, zum Braten

Diese Frikadellen haben zwar nicht die unverwechselbare, fluffige Textur der traditionellen thailändischen Fischfrikadellen (*tod mun pla*), schmecken aber dennoch erstaunlich würzig und haben einen pikanten Kick. Wirf beim Kauf der roten Currypaste einen Blick auf die Zutatenliste, da manche Produkte Fischsauce oder Garnelenpaste enthalten und dann eben nicht vegan sind.

Die Artischocken klein schneiden und in eine Schüssel geben. Die Sonnenblumenkerne abtropfen lassen und zusammen mit Currypaste, Nori, Frühlingszwiebeln, Sojasauce, Ingwer und Limettensaft pürieren. Zusammen mit Ei-Ersatz, Pankobröseln und Mehl zu den Artischocken geben. Mit einem Holzlöffel oder einer Gabel gründlich vermengen.

Für die Panade Pflanzendrink und Mehl in einem tiefen Teller glatt verrühren. Pankobrösel, Kokosraspel, Salz und Pfeffer in einem zweiten tiefen Teller mischen.

Etwas Öl in einer beschichteten Pfanne erhitzen. Die Artischockenmasse zu etwa 8 cm großen Pattys formen. Erst in der Pflanzendrink-Mischung, dann in den Bröseln wenden. Die Brösel andrücken. Bei mittlerer Hitze insgesamt 4–5 Minuten goldbraun braten, dabei mehrmals wenden. Wenn du eine große Pfanne hast, kannst du bis zu 3 Pattys auf einmal braten.

Auf Küchenpapier abtropfen lassen, mit Koriandergrün garnieren und mit dem Gurken-Relish (siehe unten) servieren.

Gurken-Relish

Für 4 Personen

—

Zubereitung: 5 Minuten
Garzeit: 10 Minuten

60 ml Reisessig
110 g weißer Zucker
1 Salatgurke, gewürfelt
2 EL zerstoßene geröstete Erdnusskerne
1 kleine Chilischote, gewürfelt

Dieses würzige Relish macht echt süchtig! Es eignet sich als Beilage zu vielen Gerichten, beispielsweise zu den Veganen Satayspießen von Seite 103.

Den Essig in einen kleinen Topf geben und etwa 6 Minuten sprudelnd kochen lassen, bis der Essiggeruch nachlässt. Zucker, Gurke, Erdnüsse und Chili sorgfältig unterrühren. Das Relish in eine Schüssel füllen und erkalten lassen.

Abdecken und bis zum Servieren im Kühlschrank aufbewahren.

Laab mit Pilzen

GF

Sojasauce durch Tamari ersetzen.

Für 2 Personen als Vorspeise oder Beilage

—

Zubereitung: 20 Minuten
Garzeit: 15 Minuten

2 EL Klebreis oder Jasminreis
150 g Austernpilze oder Pilze nach Wahl, in breite Streifen geschnitten
2 Schalotten, in feine Streifen geschnitten
3 Frühlingszwiebeln, fein gehackt
2 Stängel Minze, Blätter abgezupft
2 Stängel Koriandergrün, Blätter abgezupft – optional
1 EL Limettensaft
1 EL helle Sojasauce
1 TL geriebener Palmzucker
½–1 TL Chiliflocken
Baby-Roma-Tomaten, Minzeblätter und Limettenspalten, zum Servieren

Thailändische Salate gehören zu den besten der Welt, und ich liebe das wunderbare Zusammenspiel von süßen und herzhaften Noten. Grüne-Papaya-Salat wird zwar immer mein Favorit bleiben, aber dieser Pilzsalat (*laab het*), der sich ganz einfach zubereiten lässt, kommt direkt danach. Der geröstete, gemahlene Reis sorgt für einen knusprigen, nussigen Kontrast zu den würzigen Pilzen. Wenn er etwas mehr Substanz haben soll, serviere ich ihn mit einer Schale Klebreis.

Den Reis in einer trockenen Pfanne bei starker Hitze 15 Minuten unter ständigem Rühren rösten, bis er goldgelb ist und nach Popcorn duftet. Auf einen Teller geben und etwas abkühlen lassen. Dann im Mörser oder in einer Gewürzmühle zu einem sandähnlichen Pulver zerkleinern.

Einen Topf Wasser aufkochen und die Pilze darin 20 Sekunden blanchieren. Abtropfen lassen und in einer großen Schüssel mit den restlichen Zutaten, einschließlich dem gerösteten Reis, vermengen.

Mit halbierten Tomaten, Minze und Limettenspalten garnieren und sofort servieren.

Der Salat schmeckt aber auch gekühlt. Wenn du ihn aus dem Kühlschrank servieren willst, lass den gerösteten Reis erst mal weg und gib ihn erst kurz vor dem Servieren dazu, weil er sonst aufweicht und seine schöne, kontrastierende Knusprigkeit verliert.

Maispuffer

GF *Sojasauce durch Tamari ersetzen.*

Je nach Currypaste ...

Ergibt 20 Stück

—

Zubereitung: 15 Minuten
Garzeit: 20 Minuten

Pflanzenöl aus dem Sprayer
325 g gegarte Zuckermaiskörner (von etwa 2 Maiskolben)
1 veganer Ei-Ersatz (Seite 22)
1 TL helle Sojasauce
2 EL rote Currypaste
60 ml Sojadrink
125 g Reismehl
¼ TL Backpulver
15 g Thai-Basilikum- oder normale Basilikumblätter, gehackt
2 Frühlingszwiebeln, gehackt
1 Prise frisch gemahlener schwarzer Pfeffer
Koriandergrün und Limettenspalten, zum Servieren

Außen knusprig und innen herrlich weich: In diesen süßsalzigen Maispuffern (*tod man khao pod*) vereinen sich die Gegensätze. Für dieses Gericht tut es auch rote Currypaste aus dem Supermarkt. Schau aber erst auf die Zutatenliste, da manche Produkte Fischsauce oder Garnelenpaste enthalten und nicht vegan sind.

Den Backofen auf 200 °C vorheizen. Ein Backblech mit einer Silikonmatte oder Backpapier belegen und großzügig mit Öl besprühen.

Die Hälfte der Maiskörner mit Ei-Ersatz, Sojasauce, Currypaste, Sojadrink, Mehl und Backpulver im Foodprozessor mixen. Die Masse in eine Schüssel füllen und restliche Maiskörner, Basilikumblätter, Frühlingszwiebeln und Pfeffer untermischen.

Die Masse in kleinen Portionen auf das vorbereitete Blech geben und leicht flach drücken. Dünn mit Öl besprühen und 10 Minuten im vorgeheizten Ofen backen. Wenden, mit Öl besprühen und weitere 10 Minuten backen.

Wenn sie fertig sind, sollten die Puffer goldbraun und duftend sein. Mit Korianderblättern garnieren und heiß mit Limettenspalten und einer Schale süßer Thai-Chilisauce (siehe unten) servieren.

Süße Thai-Chilisauce

GF

Ergibt etwa 250 ml

—

Zubereitung: 5 Minuten
Garzeit: 15 Minuten

175 g Reissirup
175 g Agavendicksaft
2 EL Reisessig
2 TL Salz
2 EL Speisestärke
1 gehäufter TL Chiliflocken
½ TL Knoblauchpulver

Süße Chilisauce kennt wohl jeder. Ich hatte eine Phase, in der ich sie täglich über meinen Salat kippte. Da viele Fertigprodukte Fischsauce enthalten, habe ich hier eine vegane Version, die ganz einfach selbst herzustellen ist.

Alle Zutaten mit 60 ml Wasser in einem Topf verrühren. Bei mittlerer Hitze etwa 10 Minuten rühren, bis die Sauce kocht und eingedickt ist.

In ein sauberes Schraubglas füllen und erkalten lassen. Die Sauce hält sich bis zu 3 Wochen im Kühlschrank.

Kokospfannküchlein

GF

Ergibt 20 Stück

—

Zubereitung: 30 Minuten
Garzeit: 15 Minuten

Pflanzenöl aus dem Sprayer
50 g gegarter Zuckermais
1 Frühlingszwiebel, gehackt

Pfannkuchen
80 g Reismehl
125 ml Kokosmilch
2 EL Wasser
¼ TL Salz

Creme
125 ml Kokosmilch
1 EL weißer Zucker
2 TL Tapiokastärke

Diese köstlichen kleinen Snacks, *kanom krok*, liegen irgendwo zwischen Pfannkuchen und Cremetörtchen. Dafür werden knusprige kleine Crêpes gebraten und dann mit einer Creme garniert, die nur kurz gegart wird, sodass sie weich und ein bisschen wabbelig bleibt. In Thailand gibt es für die Zubereitung von *kanom krok* spezielle gusseiserne Muldenpfannen. Solltest du rein zufällig eine solche Pfanne haben, kannst du die Pfannküchlein auf dem Herd zubereiten (siehe Hinweis unten). Ich jedenfalls backe sie im Ofen in einer Mini-Muffinform. Das ist zwar nicht ganz so traditionell, aber dafür spare ich mir die Extra-Anschaffung.

Eine Mini-Muffinform mit 20 Mulden in den Backofen stellen und den Ofen 20 Minuten auf 200 °C vorheizen (Timer stellen!).

In der Zwischenzeit die Zutaten für den Teig und die Creme in separaten Schüsseln klümpchenfrei verrühren.

Wenn die 20 Minuten abgelaufen sind, die heiße Muffinform aus dem Ofen nehmen. Die Mulden mit Öl besprühen und die Form weitere 10 Minuten in den Ofen schieben.

Nun schnell und vorsichtig (das Blech ist sehr heiß!) je 1 Esslöffel Pfannkuchenteig in die Vertiefungen geben. (Der Teig sollte im Kontakt mit dem heißen Blech sofort zischen und brutzeln.) Die Muffinform mit Ofenhandschuhen schwenken, sodass auch die Wände der Mulden mit Teig überzogen werden und schalenartige Formen entstehen. Im heißen Ofen 3–5 Minuten backen, bis der Teig fest ist. Dann je 1 Teelöffel Creme in die Teigschalen geben. Mit ein paar Frühlingszwiebeln und Maiskörnern garnieren und weitere 5–7 Minuten backen, bis sich die Creme gesetzt hat.

HINWEIS Für die Zubereitung in einer *Kanom-krok*-Pfanne (oder einer Pfanne für dänische *ebelskiver* oder japanische *takoyaki*) die Pfanne auf dem Herd bei mittlerer bis starker Hitze heiß werden lassen. Den Teig wie oben beschrieben einfüllen und 2 Minuten backen. Creme und Belag hinzufügen. Zugedeckt auf niedriger Stufe 15–20 Minuten backen, bis der Teig fest ist.

Mango-Klebreis

GF

Für 4 Personen

—

Zubereitung: 20 Minuten
Garzeit: 25 Minuten

200 g Klebreis, 2 Stunden oder über Nacht in Wasser eingeweicht
250 ml Kokosmilch
3 EL weißer Zucker
1 Pandanblatt, geknotet – optional
3 TL Reismehl
½ TL Salz
2 Mangos, geschält, halbiert und in Scheiben geschnitten
Geröstete Sesamsamen und Minzeblätter, zum Garnieren

Wenn *tom yum* mein liebstes herzhaftes Thai-Gericht ist, ist das hier mein thailändisches Lieblingsdessert: fruchtig-frische Mango und cremiger Klebreis mit einer Kokossauce, die an Salzkaramell erinnert. Falls du es noch nicht kennst, sei gespannt! Ich wette, du wirst begeistert sein!

Einen Dämpfkorb mit Küchenmusselin auslegen und auf einen Topf mit kochendem Wasser setzen. Den Klebreis abtropfen lassen und in den Dämpfkorb geben. Das Musselin darüberschlagen. Mit aufgesetztem Deckel 10–15 Minuten dämpfen, bis der Reis gar und noch leicht klebrig ist.

In der Zwischenzeit für die Sauce Kokosmilch, Zucker und Pandanblatt (falls verwendet) in einen kleinen Topf geben und bei mittlerer Hitze aufkochen. Rühren, bis sich der Zucker aufgelöst hat, dann vom Herd nehmen.

Den gegarten Reis in eine hitzebeständige Schüssel geben. Die Hälfte der Kokossauce darübergießen, abdecken und den Reis die Flüssigkeit aufsaugen lassen. Reismehl und Salz in die restliche Kokossauce geben und bei mittlerer Hitze unter ständigem Rühren kochen, bis sie eingedickt ist.

Zum Servieren die Mangoscheiben auf Tellern anrichten. Etwas Reis daraufgeben und mit der Kokossauce überziehen. Mit geröstetem Sesam und Minze garnieren … und genießen!

Gedämpfte Reistörtchen

GF

Ergibt 6 kleine Törtchen

—

Zubereitung: 30 Minuten (zzgl. Teiggare)
Garzeit: 15 Minuten

50 g weißer Zucker
½ TL Trockenbackhefe
60 ml warmes Wasser
60 ml Kokosmilch
125 g Reismehl
½ TL Backpulver
½ TL Jasminextrakt, Rosenwasser oder Vanilleextrakt oder ¼ TL Pandanextrakt
Lebensmittelfarbe – optional
Brauner Zucker, zum Dippen

Diese gedämpften Törtchen aus Reismehl (*khanom pui fai*) kommen in leuchtenden Farben daher und scheinen buchstäblich zu lächeln, weil sie beim Backen oben zu einem „Lächeln" aufreißen. Dieses Lächeln steht für Wachstum und macht die Küchlein zu einer glückverheißenden thailändischen Leckerei, die gerne serviert wird, wenn es etwas zu feiern gibt. Der Teig wird in der Regel mit einem Spritzer Jasminextrakt für eine exotische Note verfeinert. Aber auch Rosenwasser, Vanille- oder Pandanextrakt sind nicht verkehrt. Dieses Rezept ergibt nur eine kleine Menge, da alle Törtchen in den Dämpfkorb passen müssen und am besten sofort verzehrt werden sollten. Wenn du einen größeren Dämpfkorb bzw. mehr hungrige Mäuler versorgen möchtest, kannst du die Zutatenmengen hochrechnen.

Zucker und Hefe in einer mittelgroßen Schüssel mit dem warmen Wasser verrühren und etwa 5 Minuten stehen lassen, bis der Ansatz schaumig ist.

Die Kokosmilch einrühren. Reismehl und Backpulver darübersieben und zu einem glatten, klümpchenfreien Teig verrühren. Abgedeckt an einem warmen Ort gehen lassen, bis sich das Teigvolumen verdoppelt hat (mindestens 60 Minuten).

Einen Dämpfkorb auf einen Topf mit kochendem Wasser setzen. Den Extrakt – und ggf. ein paar Tropfen Lebensmittelfarbe – in den Teig einarbeiten.

Den Teig in sechs kleine hitzebeständige Teetassen (oder Mini-Muffinförmchen aus Silikon oder Papierbackförmchen – am besten doppelt, da sie im Dampf weich werden können) füllen. Die Förmchen sofort in den Dämpfkorb setzen. Mit einem sauberen Tuch bedecken und den Topfdeckel aufsetzen. Das Tuch straff spannen und darauf achten, dass die Enden die Herdplatte nicht berühren. Das Tuch hilft, Kondenswasser aufzusaugen, damit die Küchlein nicht durchweichen.

Die Küchlein 15 Minuten dämpfen, ohne den Deckel anzuheben. Andernfalls reißen sie nicht so schön auf und „lächeln" nicht.

Am besten frisch und noch warm mit einer kleinen Schale braunem Zucker zum Dippen servieren. Die Küchlein sollten nicht länger als 1 Tag aufbewahrt werden.

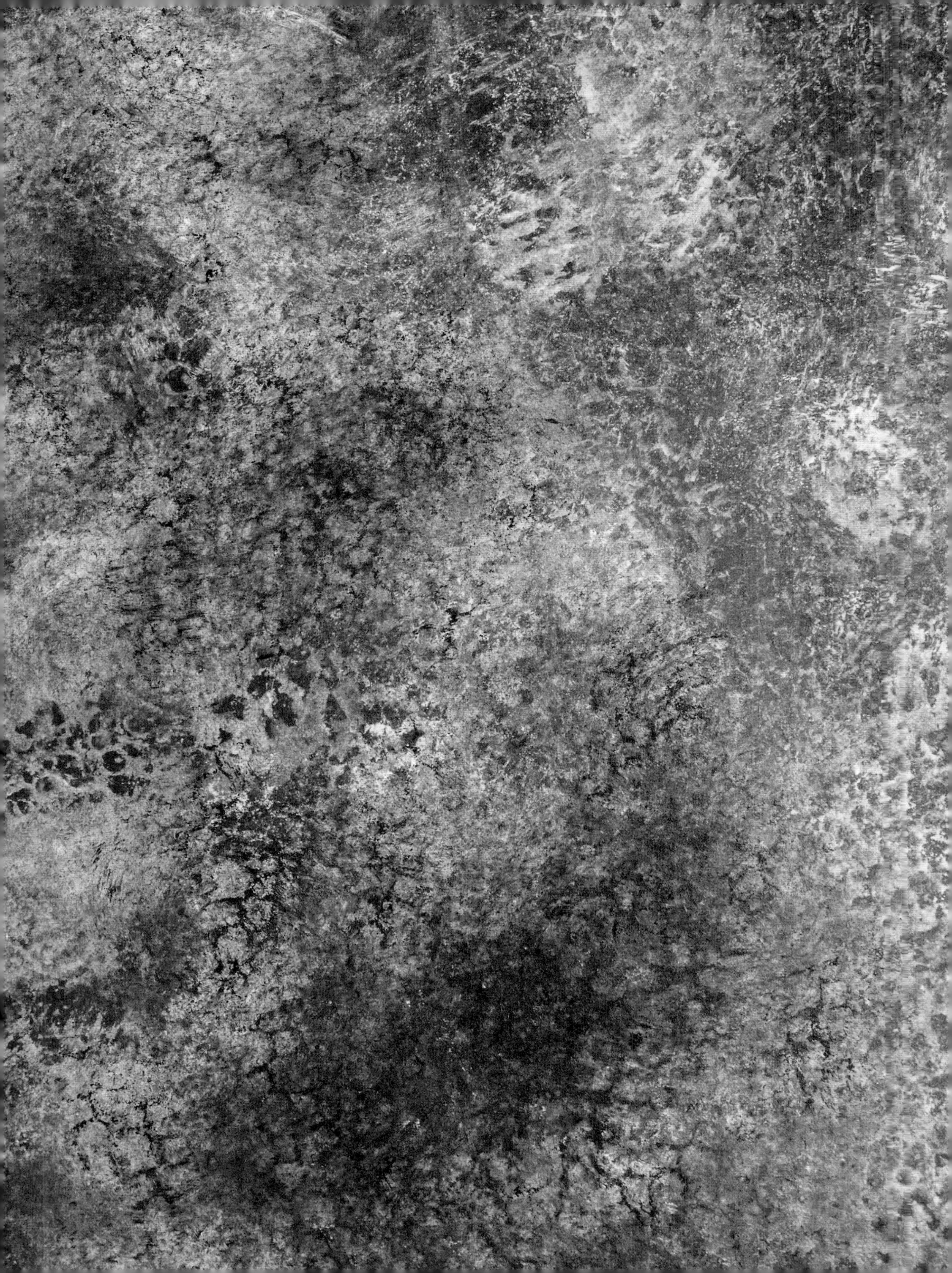

03

Singapur & Malaysia

Die Ähnlichkeiten zwischen der singapurischen und der malaysischen Küche sind nicht zu leugnen, was angesichts der geografischen Nähe beider Länder und ihrer gemeinsamen Geschichte nicht überrascht. Natürlich erheben beide Staaten den Anspruch auf den Ursprung bestimmter Gerichte, und da hier wie dort große Feinschmecker zu Hause sind, wird auch die Diskussion darum nicht enden. Die unbestreitbaren Gemeinsamkeiten der beiden Küchen sind der Grund, warum ich die besten Gerichte in einem Kapitel zusammengeführt habe.

Wer sich in Singapur umschaut, stellt schnell fest, dass in diesem pulsierenden Stadtstaat, in dem sich malerische alte Straßenzüge mit modernen Wolkenkratzern abwechseln, Essen eine große Rolle spielt. Die Singapurer lieben Essen – und sie reden auch gerne darüber. Besonders heiß wird diskutiert, wo es den besten Kaya-Toast oder das beste Hähnchen mit Reis gibt.

Singapur ist ein Streetfood-Mekka und ein Paradies für Gastro-Touristen. Dabei wird Streetfood aber gar nicht auf den Straßen verkauft. Viel typischer sind sogenannte Hawker Centers – Freiluftgebäude mit festen Essensständen bzw. Garküchen, in denen man an kleinen Tischen Vegane Satayspieße, Laksa-Nudeln oder einen *kopi* (Kaffee) einnimmt. Das Essen, das hier serviert wird, ist eine wilde Mischung aller asiatischen Küchen, man sollte es aber nicht unterschätzen. Die leckerste Nudelsuppe meines Lebens habe ich in einem Hawker Center inmitten einer schwitzenden, hektischen Menschenmenge gegessen, als ich eigentlich nur eine Packung süßen Bohnenquark besorgen wollte. In Singapur zu essen ist eine ganz besondere Erfahrung.

Wer längere Zeit im benachbarten Malaysia verbringt, hört ein Wort immer wieder: *makan* (essen). Essen ist das Lebenselixier der malaysischen Kultur, und es ist nicht ungewöhnlich, sechs oder sieben Mal am Tag zu essen. Warum auch nicht? Sonst bleibt einfach nicht genug Zeit, um all das zu probieren, was die malaysische Küche zu bieten hat – von cremigen, duftenden Rendang-Currys bis hin zu fluffigen Pfannkuchen mit zuckrigen Erdnüssen.

Vegane Satayspieße

GF *Sojasauce durch Tamari ersetzen.*

Ergibt etwa 24 Spieße
—
Zubereitung: 1 Stunde (zzgl. Marinieren)
Garzeit: 30 Minuten

75 g grobe Sojaschnetzel, vorbereitet (Seite 25)
Gepresster Reis (Seite 20), Limettenhälften und Gurkenscheiben, zum Servieren

Marinade
3-cm-Stück Ingwer, fein gewürfelt
2 Stängel Zitronengras, fein gehackt
1 TL gemahlene Kurkuma
2 TL gemahlener Koriander
2 TL gemahlener Kreuzkümmel
4 EL Kokosblütenzucker
3 EL helle Sojasauce

Vegane Satayspieße-Sauce
1 TL Pflanzenöl
1 große Schalotte, gehackt
1 Stängel Zitronengras, fein gehackt
2 große Knoblauchzehen, fein gehackt
½ TL gemahlener Koriander
¼ TL gemahlener Kreuzkümmel
¼ TL Fenchelsamen
1 große Chilischote, entkernt und fein gehackt
2 EL Kokosblütenzucker
2 TL Tamarindenpaste
1 EL helle Sojasauce
300 ml Kokosmilch
140 g gemahlene geröstete Erdnusskerne
1 EL stückige Erdnusscreme

Früher gab es den „Vegane-Satayspieße-Mann", der in der drückend heißen, trägen Stunde vor Sonnenuntergang mit einem kleinen Grill auf seinem Fahrrad durch unsere Straße fuhr. An Tagen, an denen wir zu faul zum Kochen waren, hielten wir ihn an und kauften zwei Dutzend Spieße, die er an Ort und Stelle zubereitete und dafür sorgte, dass sich die schwüle Luft mit dem himmlischen Duft der karamellisierenden würzigen Erdnusssauce füllte. Vegane Satayspießesauce schmeckt – wie ich zu behaupten wage – noch besser als Erdnusscreme pur aus dem Glas.

Für die Marinade alle Zutaten in einer großen Schüssel verrühren. Die abgetropften Sojaschnetzel sorgfältig untermischen. Abgedeckt 1–4 Stunden im Kühlschrank marinieren – je länger, desto besser. 24 Holzspieße in einer Schüssel mit kaltem Wasser einweichen (das verhindert, dass sie später beim Grillen verkokeln).

In der Zwischenzeit für die Vegane Satayspieße-Sauce das Öl in einem großen beschichteten Topf erhitzen. Schalotte, Zitronengras und Knoblauch darin bei mittlerer Hitze etwa 3 Minuten braten, bis sie zu duften beginnen und weich sind. Gewürze und Chili hinzufügen und weitere 3 Minuten garen. Zucker, Tamarinde und Sojasauce sorgfältig unterrühren. Dann die Kokosmilch unterrühren. Die Hitze reduzieren und alles 5 Minuten garen, aber nicht kochen lassen, sonst gerinnt die Sauce. Erdnüsse und Erdnusscreme einrühren und bei schwacher Hitze weiterrühren, bis die Sauce die gewünschte Konsistenz erreicht hat – etwa 4 Minuten für eine flüssige, aber cremige Sauce, die für Vegane Satayspieße ideal ist!

Den Backofengrill einschalten oder eine Grillpfanne sehr heiß werden lassen. Je 4–5 Sojaschnetzel auf die abgetropften Spieße stecken und von jeder Seite 3– 4 Minuten grillen, dabei mit einer Zange wenden, bis sie rundum goldbraun sind.

Die Spieße sofort mit gepresstem Reis, Limettenhälften, einigen Gurkenscheiben und der Erdnusssauce servieren.

Fluffiger Erdnusspfannkuchen

Ergibt 1 großen Pfannkuchen (24 cm Durchmesser, für 4 Personen)

—

Zubereitung: 20 Minuten (zzgl. Teiggare)
Garzeit: 10 Minuten

Pfannkuchen

120 g Weizenmehl, gesiebt
¼ TL Backnatron
1 TL Trockenbackhefe
1 veganer Ei-Ersatz (Seite 22)
2 EL weißer Zucker
180 ml lauwarmer Pflanzendrink
2 TL Pflanzenöl
½ TL Vanilleextrakt

Süße Erdnussfüllung

70 g geröstete Erdnusskerne, fein gehackt
2 EL weißer Zucker

Apam balik **sind Pfannkuchen, wie du sie wahrscheinlich noch nie gegessen hast. Sie haben eine honigwabenartige Textur und sind mit knackig-süßen Erdnüssen gefüllt. Da sie aus Hefeteig bestehen, sind sie nicht gerade im Handumdrehen zubereitet. Praktischerweise kannst du den Teig vor dem Schlafengehen ansetzen und über Nacht im Kühlschrank reifen lassen … und von fluffigen Pfannkuchen und Erdnüssen träumen!**

Für den Pfannkuchenteig alle Zutaten in einer Schüssel zu einem glatten Teig verrühren. Abgedeckt mindestens 5 Stunden oder über Nacht – in diesem Fall im Kühlschrank – gehen lassen. Bei Übernachtgare den Teig vor dem Backen aus dem Kühlschrank nehmen und auf Raumtemperatur kommen lassen.

Für die Füllung die Erdnüsse und den Zucker in einer Schale mischen und beiseitestellen.

Eine beschichtete Pfanne (24 cm Durchmesser) leicht einfetten und bei mittlerer Hitze heiß werden lassen. Den Pfannkuchenteig mit dem Schneebesen verrühren, bis er geschmeidig ist. Wenn die Pfanne heiß ist, den gesamten Pfannkuchenteig einfüllen. Durch Schwenken gleichmäßig auf dem ganzen Pfannenboden verteilen und 3–5 Minuten backen, bis sich Blasen bilden, die nicht mehr verschwinden, und der Pfannkuchen zu stocken beginnt.

Eine Pfannkuchenhälfte großzügig mit den gezuckerten Erdnüssen bestreuen. Zugedeckt weiterbacken, bis die Oberseite des Pfannkuchens fest und die Unterseite schön gebräunt ist.

Den Pfannkuchen zusammenklappen, aus der Pfanne nehmen und in vier Stücke teilen. Warm servieren.

Jackfruit-Biryani

GF

Für 4 Personen

—

Zubereitung: 30 Minuten
Garzeit: 50 Minuten

Die Ursprünge von Biryani lassen sich bis nach Persien oder Indien zurückverfolgen. *Dum biryani* ist eine Variante, die besonders in Malaysia und Singapur beliebt ist. Dabei werden Reis und Curry in einem großen Topf geschichtet und mit Kräutern verfeinert, bevor der Topf verschlossen und das Biryani im eigenen, duftenden Dampf gegart wird.

250 g Basmatireis
1 Lorbeerblatt
2 Kardamomkapseln, zerdrückt
½ Zimtstange
3 Gewürznelken
½ TL Salz
15 g Minze, gehackt
15 g Koriandergrün, gehackt
4 EL Pflanzendrink
½ TL gemahlene Kurkuma

Röstzwiebeln
2 EL Pflanzenöl
1 große weiße Zwiebel, in Scheiben geschnitten
50 g Sultaninen
40 g Cashewkerne

Curry
1 EL Pflanzenöl
1 große weiße Zwiebel, in Scheiben geschnitten
5 Kardamomkapseln, zerdrückt
½ Zimtstange
5 Gewürznelken
½ TL Chilipulver
1 TL gemahlener Koriander
½ TL gemahlene Kurkuma
1 Lorbeerblatt
¼ TL schwarzer Pfeffer
125 ml passierte Tomaten
1 Chilischoten, sehr fein gehackt
130 g veganer Joghurt
140 g TK-Erbsen
150 g Möhren, gehackt
150 g grüne Bohnen, in Stücke geschnitten
1 Dose grüne Jackfruit (565 g), vorbereitet (Seite 25)
375 ml Gemüsebrühe
1 TL Salz

Reis, Lorbeerblatt, Kardamomkapseln, Zimtstange Gewürznelken und Salz mit 625 ml Wasser in einen Topf geben und aufkochen. Die Hitze reduzieren und zugedeckt etwa 10 Minuten köcheln lassen, bis der Reis fast gar ist. Lorbeerblatt und Gewürze entfernen und den Reis beiseitestellen.

Für die Röstzwiebeln das Öl in einem großen Topf erhitzen. Die Zwiebeln darin bei mittlerer Hitze etwa 10 Minuten braten, bis sie zusammenfallen und Farbe bekommen. Dabei ständig rühren, damit die Zwiebeln nicht anbrennen. Sultaninen und Cashewkerne hinzufügen und etwa 5 Minuten weiterbraten, bis die Cashewkerne zu bräunen beginnen. Alles auf einen mit Küchenpapier ausgelegten Teller geben.

Für das Curry dieselbe Pfanne bei mittlerer Hitze wieder auf den Herd setzen und das Öl erhitzen. Die Zwiebeln darin in etwa 4 Minuten glasig garen. Gewürze, Lorbeerblatt und Pfeffer unterrühren, bis die Zwiebeln damit überzogen sind. Tomaten und Chili untermischen und etwa 4 Minuten köcheln lassen, bis die Tomaten leicht eingedickt und saftig sind. Joghurt, Gemüse, Jackfruit, Brühe und Salz untermischen und zugedeckt 5 Minuten garen, bis Möhren und Bohnen knackig gar sind.

Nun das Biryani schichten, idealerweise in einem gusseisernen Bräter oder einem großen, schweren Topf. Das Curry in den Topf geben, dann den Reis gleichmäßig darauf verteilen und andrücken. Die Röstzwiebeln darübergeben. Mit Minze und Koriander bestreuen. Pflanzendrink und Kurkuma verrühren und das Biryani damit beträufeln, sodass es sich stellenweise gelb färbt – so entsteht später ein schöner Marmoreffekt. Mit einem dicht schließenden Deckel abdecken und bei schwacher Hitze 7–10 Minuten ziehen lassen, bis der Reis schön weich ist. Nach Belieben mit Koriander und Minze garnieren und sofort servieren.

HINWEIS Anstelle des veganen Joghurts kannst du für dieses Gericht auch gesäuerten Sojadrink verwenden. Dafür 2 Teelöffel Zitronensaft in einen Messbecher geben und mit 125 ml Sojadrink auffüllen. Etwa 15 Minuten stehen lassen, bis der Sojadrink geronnen ist.

Laksa lemak

GF

Glutenfreies Miso und Reisnudeln verwenden.

Für 4 Personen

—

Zubereitung: 25 Minuten
Garzeit: 20 Minuten

1 l Gemüsebrühe
1 EL Tamarindenpaste oder 2 EL Limettensaft
1 EL Kokosblütenzucker oder geriebener Palmzucker
3 EL Serundeng (Seite 22)
7 Tofu-Puffs oder 300 g extrafester Tofu, gewürfelt
180 g Babymaiskolben, halbiert
100 g Enokipilze oder Champignons
800 g frische Laksa-Nudeln oder 300 g getrocknete Reisvermicelli
375 ml Kokosmilch
5 Frühlingszwiebeln, in feine Ringe geschnitten
1 rote Chilischote, in Ringe geschnitten
120 g Bohnensprossen
15 g Koriandergrün, gehackt
2 Limetten, halbiert

Laksa-Paste
2 Stängel Zitronengras, nur der weiße Teil, gehackt
7 kleine Schalotten, gehackt
3-cm-Stück Ingwer oder Galgant, gehackt
6 rote Chilischoten, entkernt und gehackt
6 Knoblauchzehen, gehackt
7 Kerimi- oder Macadamianusskerne oder 12 Cashewkerne
1 TL gemahlene Kurkuma
1 EL Miso

Lemak **bedeutet „cremig" und bezieht sich hier auf die Kokosmilch, die das Laksa wunderbar cremig und samtig macht. Wenn du keine traditionellen Laksa-Nudeln findest, kannst du entweder Reisvermicelli, Udon-Nudeln oder auch eine Mischung aus beidem verwenden.**

Für die Laksa-Paste alle Zutaten im Foodprozessor oder Mörser zu einer glatten Paste verarbeiten.

Die Brühe in einen großen Topf füllen. Tamarindenpaste, Zucker, Serundeng und Laksa-Paste bei mittlerer Hitze einrühren und 5 Minuten kochen. Tofu, Mais und Pilze dazugeben und zugedeckt erneut aufkochen.

In der Zwischenzeit die Nudeln zubereiten: getrocknete Nudeln in einem Topf Wasser 7 Minuten kochen, abgießen und sofort in einer Schüssel mit Eiswasser abschrecken; frische Nudeln 1 Minute in kochendes Wasser tauchen, dann abgießen und abtropfen lassen.

Sobald der Mais gar ist, die Hitze reduzieren und die Kokosmilch dazugießen. Die Suppe wieder erhitzen, aber darauf achten, dass sie nicht kocht, da die Kokosmilch sonst gerinnt.

Zum Servieren die abgetropften Nudeln auf vier Schalen verteilen. Die Suppe einfüllen. Mit Frühlingszwiebeln, Chili, Bohnensprossen, Koriander und einer Limettenhälfte garnieren.

Malaysischer Salat

Für 2 Personen als Hauptgericht oder 4 Personen als Beilage

—

Zubereitung: 20 Minuten
Garzeit: wird nicht gegart

2 Tofu-Puffs
100 g kleine Ananasstückchen
100 g Yamswurzel oder Steckrübe, gewürfelt
50 g Salatgurke, gewürfelt
40 g säuerlicher Apfel, gewürfelt
20 g Bohnensprossen, blanchiert
2 EL Sesamsamen
2 EL gemahlene geröstete Erdnüsse

Dressing
1 EL Hoisin-Sauce
1 TL dunkle Sojasauce
1 TL brauner Zucker
1 EL Tamarindenpaste
1 TL geröstete Sesamsamen
Fein abgeriebene Schale von 1 kleinen Limette

Es ist völlig ungerechtfertigt, diesen *rojak* genannten Salat als Fruchtsalat zu bezeichnen, denn neben Früchten enthält er auch Gemüsestücke und knusprige Tofu-Puffs, die mit einem süß-pikanten Dressing angemacht werden. Das Dressing – entscheidend für einen guten *rojak* – solltest du während der Zubereitung immer wieder probieren und bei Bedarf nachwürzen. Das Tolle an diesem Gericht ist auch, dass sich die Zutaten nach Belieben variieren lassen und es sich bestens eignet, um Obst und Gemüse aus dem Gemüsefach zu verwerten. Du stehst nicht so auf Ananas? Dann ersetze sie durch eine reife Jackfruit. Du bist kein Gurken-Fan? Dann nimm einfach mehr Yamswurzel (*jicama*). Insgesamt solltest du etwa 250 g Obst und Gemüse zusammenkriegen.

Für das Dressing alle Zutaten in einer Schale glatt verrühren.

Die Tofu-Puffs 1–2 Minuten unter dem heißen Backofengrill garen, in Stücke schneiden und in eine große Schüssel geben. Mit Ananas, Yamswurzel, Gurke, Apfel und Bohnensprossen vermengen. Das Dressing sorgfältig untermischen.

Mit Sesam und Erdnüssen bestreuen und servieren.

Popiah-Frühlingsrollen

GF

Glutenfreie Hoisin-Sauce und Miso verwenden. Die Teigblätter können durch Salat- oder Reisblätter ersetzt werden.

Ergibt 8 Stück (für 4 Personen)

—

Zubereitung: 35 Minuten
Garzeit: 20 Minuten

Pflanzenöl
300 g extrafester Tofu, gepresst (Seite 25) und gewürfelt
120 g Bohnensprossen
1 grüner Salat oder 1 Packung Babyspinat
70 g geröstete Erdnusskerne
8 Weizenteigblätter
Hoisin-Sauce und Sambal (Seite 121) oder Sriracha-Sauce, zum Servieren

Füllung
1 EL Pflanzenöl
1 weiße Zwiebel, in feinen Streifen
3 Knoblauchzehen, sehr fein gehackt
1 EL Miso
1 kleine Yamswurzel oder Kohlrabi, geschält und geraspelt
2 EL helle Sojasauce
1 große Möhre, geraspelt

Die singapurische Antwort auf eine Taco-Party fängt mit Popiah an, das man sich als eine Art Burrito vorstellen kann, prall gefüllt mit gedünsteter Yamswurzel, süßer Sauce und vielen anderen bunten Zutaten. Wenn du Freunde eingeladen, aber so gar keine Lust auf Kochen hast, wirf einfach ein paar Yamsstücke in einen großen Topf, bis sie zusammenfallen und salzig-süß werden, und stell sie mit den anderen Füllungen in Schalen auf den Tisch, damit alle selbst rollen können – Taco-Party 2.0.

Für die Füllung das Öl in einem großen Topf erhitzen. Zwiebeln und Knoblauch darin bei mittlerer Hitze etwa 3 Minuten braten, bis sie zu duften beginnen und die Zwiebeln glasig werden. Miso, Yamswurzel oder Kohlrabi, Sojasauce und Möhre hinzufügen. Die Hitze reduzieren und zugedeckt 10–15 Minuten garen, bis das Gemüse weich ist.

In der Zwischenzeit alle anderen Zutaten vorbereiten: Den Tofu in einer beschichteten Pfanne in etwas Öl goldgelb braten. Die Bohnensprossen abbrausen und abtropfen lassen. Salat oder Spinat waschen und trocken schleudern. Die Erdnüsse rösten und mahlen.

Für die Fertigstellung der Popiah ein Teigblatt ausbreiten und mit einem Salatblatt belegen. Einen Esslöffel Füllung darauf verteilen und mit einigen Tofuwürfeln, 1 Handvoll Sprossen und einigen Erdnüsse garnieren. Nach Belieben mit Hoisin-Sauce und Sambal- oder Sriracha-Sauce beträufeln, dann die Ränder einschlagen und fest aufrollen (siehe rechts). Je fester gerollt wird, desto leichter lässt sich die Rolle essen, ohne auseinanderzufallen! Zu Hause stellen wir alles in Schalen auf den Tisch, damit jede*r selber rollen kann.

Popiah rollen

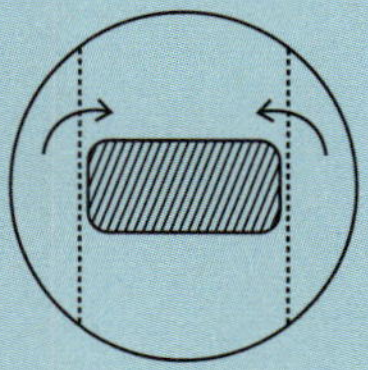

Die beiden Seiten, egal ob die Blätter rund oder quadratisch sind, über die Füllung schlagen.

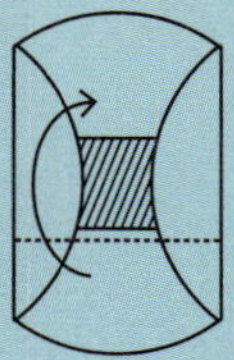

Den unteren Rand nach oben straff über die Füllung schlagen.

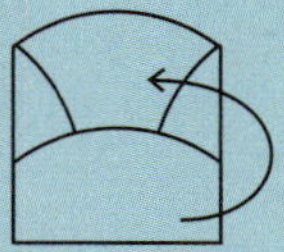

Das Blatt fest nach oben rollen.

Weiter rollen, bis eine kompakte Rolle entstanden ist.

Nasi lemak

GF

Für 4 Personen

—

Zubereitung: 30 Minuten
Garzeit: 20 Minuten

300 g Jasminreis
2 Pandanblätter, geknotet, oder 2 Lorbeerblätter
1 Stängel Zitronengras, zerdrückt
½ TL Salz
180 ml Kokosmilch
140 g geröstete Erdnusskerne
1 Salatgurke, in Scheiben
Sambal (Seite 121), zum Servieren

Bratgemüse
1 TL Pflanzenöl
1 Knoblauchzehe, fein gehackt
125 g grüne Bohnen, in 3 cm lange Stücke geschnitten
1 große Möhre, in feine Streifen geschnitten
¼ TL Salz

Gebratener Tofu
1 TL Pflanzenöl
150 g extrafester Tofu, gepresst (Seite 25) und zerkrümelt
1 Prise Schwarzsalz
1 EL Hefeflocken – optional
1 Prise gemahlene Kurkuma
1 Prise frisch gemahlener schwarzer Pfeffer

Dieses Gericht ist ein traditionelles malaysisches Frühstück, das aber genauso gut als Mittag- oder Abendessen schmeckt. Dafür wird Reis mit Kokosmilch und Pandan gegart und mit Erdnüssen, gebratenem Gemüse und feurigem Sambal angerichtet. Wenn du eine richtig üppige Mahlzeit daraus machen möchtest, serviere es mit Tempeh-Rendang (Seite 120)!

Den Reis mit Pandanblättern, Zitronengras, Salz, Kokosmilch und 375 ml Wasser in einem Topf mischen. Bei mittlerer Hitze unter Rühren aufkochen. Die Hitze reduzieren und zugedeckt etwa 15 Minuten garen, bis der Reis weich ist und die ganze Flüssigkeit absorbiert hat.

In der Zwischenzeit für das Gemüse das Öl in einer beschichteten Pfanne erhitzen. Den Knoblauch darin bei mittlerer Hitze etwa 1 Minute braten, bis er zu duften beginnt. Bohnen, Möhren und Salz hinzufügen. Mit 60 ml Wasser ablöschen und zugedeckt garen, bis das Gemüse weich und das gesamte Wasser verdunstet ist. Auf einen Teller geben und beiseitestellen.

Für den Tofu die Pfanne mit Küchenpapier auswischen und das Öl darin erhitzen. Den Tofu mit Salz, Hefeflocken, falls verwendet, Kurkuma und Pfeffer sorgfältig darin wenden und etwa 3 Minuten braten.

Zum Servieren einen großen Löffel Reis auf jeden Teller geben. Gemüse und Tofu darauf anrichten. Mit gerösteten Erdnüssen bestreuen. Mit etwas Sambal und Gurkenscheiben garnieren.

GF *Sojasauce durch Tamari ersetzen. Seitan durch zwei Blöcke gut gepressten Tofu (Seite 25) ersetzen.*

Für 4 Personen

—

Zubereitung: 50 Minuten (zzgl. Marinieren)
Garzeit: 50 Minuten

- 2 Tofu-Puffs
- 1 Portion Seitan-Hähnchen (Seite 21)
- 300 g Langkornreis, abgebraust und abgetropft
- 1 Pandanblatt, geknotet, oder ½ Stängel Zitronengras, zerdrückt
- 3-cm-Stück Ingwer, fein gerieben
- 1 TL weißer Zucker
- 2 EL helle Sojasauce
- 5-cm-Stück Ingwer, in feine Scheiben geschnitten
- ½ TL Sesamöl
- 1 kleine Salatgurke, in Scheiben geschnitten

Marinade

- 2 TL Agavendicksaft
- 1 TL Fünf-Gewürze-Pulver
- ½ TL Rübensirup
- 5-cm-Stück Ingwer, fein gehackt
- 2 EL helle Sojasauce
- 1 Prise frisch gemahlener weißer Pfeffer

Brühe

- 1 TL Pflanzenöl
- 4 Knoblauchzehen, fein gehackt
- 5-cm-Stück Ingwer, fein gehackt
- 4 Frühlingszwiebeln, nur der grüne Teil, fein gehackt
- 2 getrocknete Shiitakepilze
- 1 TL Würzmischung (Seite 22) oder Hefeflocken
- ½ TL Salz

Hainan-Chilisauce

- 2 große rote Chilischoten, entkernt und gehackt
- 2 Knoblauchzehen, gehackt
- 1 TL Salz
- 1 EL Zitronensaft

Hainan-„Hähnchen" mit Reis

Dieses einfache, aber sehr überzeugende Gericht könnte fast schon als Nationalgericht Singapurs durchgehen.

Die Tofu-Puffs durchschneiden und flach rollen, sodass längliche Scheiben entstehen. Die Seitanstücke damit überziehen, sodass die ganze Oberseite bedeckt ist, und die „Haut" mit Spießen feststecken. Für die Marinade alle Zutaten in einer Schale verrühren. Die Seitanstücke darin wenden und 1 Stunde marinieren. Nach der Hälfte der Zeit wenden.

Den Backofen auf 175 °C vorheizen und eine flache Auflaufform einfetten. Den marinierten Seitan hineinlegen und mit einem Teil der Marinade bestreichen. Etwa 1 Esslöffel zum Übergießen zurückhalten. Die Seitanstücke im heißen Ofen 10 Minuten backen. Mit der restlichen Marinade bestreichen und weitere 15 Minuten backen.

Für die Brühe das Öl in einem großen Topf erhitzen. Knoblauch, Ingwer und Frühlingszwiebeln darin bei mittlerer Hitze 2–3 Minuten braten. Mit 1,5 Liter Wasser aufgießen. Pilze, Würzmischung und Salz hinzufügen und etwa 30 Minuten köcheln lassen, damit die Brühe den herrlichen Umami-Geschmack der Shiitakepilze annimmt. Die Pilze herausnehmen und entsorgen. So viel Brühe abschöpfen und aufbewahren, dass noch 500 ml im Topf verbleiben.

Den Reis zusammen mit Pandanblatt und geriebenem Ingwer zur Brühe in den Topf geben und aufkochen. Die Hitze reduzieren und zugedeckt weitere 12–15 Minuten köcheln lassen, bis der Reis gar ist.

In der Zwischenzeit den Zucker in 1 Esslöffel heißem Wasser auflösen und mit der Sojasauce zu einer Dip-Sauce verrühren. Den in Scheiben geschnittenen Ingwer 5 Minuten in etwas Wasser köcheln lassen, bis er weich ist. Abtropfen lassen und in einem Mixer pürieren, dabei bei Bedarf einen Spritzer Wasser einarbeiten.

Für die Chilisauce Chilischoten und Knoblauch in einem kleinen Topf mit kochendem Wasser geben und 5 Minuten kochen. Abgießen, dann mit Salz und Zitronensaft im Blitzhacker oder Mixer pürieren.

Zum Servieren die Seitanstücke mit Sesamöl bestreichen und die Spieße entfernen. In Scheiben schneiden und auf Serviertellern anrichten. Einen großen Löffel Reis, einige Gurkenscheiben, Ingwer- und Chilisauce sowie eine Schale mit Dip-Sauce hinzufügen. Erinnerst du dich an die Brühe, die du beiseitegestellt hast? Reiche sie in kleinen Schälchen dazu, um sie zwischen den Bissen zu schlürfen.

Tempeh-Rendang

GF

Für 4 Personen

—

Zubereitung: 20 Minuten
Garzeit: 30 Minuten

- 25 g Kokosraspel
- 4 Knoblauchzehen, grob gehackt
- 3 Schalotten, grob gehackt
- 3-cm-Stück Ingwer, grob gehackt
- 1 Stängel Zitronengras, nur der weiße Teil, grob gehackt
- 1 TL gemahlener Koriander
- 1 TL gemahlener Kreuzkümmel
- 1 TL gemahlene Kurkuma
- ½ TL gemahlener Zimt
- 1 TL geriebener Palmzucker oder brauner Zucker
- ½ TL Salz
- 125 ml Kokosmilch
- 2 TL Tamarindenpaste
- 1 Sternanis
- 2 Gewürznelken
- 200 g Tempeh, in Scheiben geschnitten

Streng genommen ist dieses Rendang kein Curry, weil das Tempeh nicht in Sauce schwimmt. Mit reichlich Kokosraspeln und Tamarinde ist es eher dickflüssig. Es wird oft mit Nasi lemak (Seite 115) kombiniert, schmeckt aber auch sehr gut mit gepresstem Reis (Seite 20) und Sambal (rechts).

Die Kokosraspel in einer beschichteten Pfanne bei mittlerer Hitze ohne Fett rösten, bis sie goldbraun sind und duften. Mit Knoblauch, Schalotten, Ingwer, Zitronengras, gemahlenen Gewürzen, Zucker, Salz, Kokosmilch, Tamarinde und 125 ml Wasser im Mixer glatt pürieren.

Die Masse in einen Topf füllen. Sternanis, Gewürznelken und Tempeh hinzufügen und bei mittlerer Hitze aufkochen. Die Hitze reduzieren und 10–15 Minuten sanft köcheln lassen. Für ein dickeres Rendang die Sauce weitere 10 Minuten einkochen.

Sambal

GF

Glutenfreie Miso verwenden.

Zubereitung: 20 Minuten
Garzeit: 15 Minuten

- 7–8 große rote Chilischoten (insgesamt 100 g), entkernt, in feine Ringe geschnitten
- 1 EL Miso
- 2 TL geriebener Palmzucker oder brauner Zucker
- 1 EL Tamarindenpaste
- 1 Schalotte, gehackt
- 2 Knoblauchzehen, fein gehackt
- 2 Kemiri- oder Macadamianusskerne oder 4 Cashewkerne
- 1 EL Pflanzenöl

Sambal ist eine glänzende, tiefrote Chilipaste mit einem ähnlichen Geschmacksprofil wie Sriracha (sehr knoblauchlastig, mit einem Hauch von Süße), aber mit Karate-Schärfekick – und zwar von einem Schwarzgürtelträger! In der Version meiner Oma werden getrocknete Chilis verwendet, die in Europa eher schwer zu bekommen sind, daher verwende ich in diesem Rezept frische Schoten. Bei der Auswahl der Chilis solltest du kleinere Sorten, wie Bird's-Eye-Chilis, vermeiden, weil sie sehr scharf sein können und das Entkernen sehr mühsam wäre.

Chilis, Miso, Zucker, Tamarinde, Schalotte, Knoblauch und Nüsse in einem Mörser oder Blitzhacker zu einer glatten Paste verarbeiten; bei Bedarf etwas Wasser dazugeben, aber immer nur löffelweise.

Das Öl in einem kleinen Topf erhitzen. Die Paste darin bei schwacher Hitze etwa 15 Minuten unter ständigem Rühren braten, bis sie duftet, dunkler und trockener geworden ist. Abkühlen lassen, dann in ein sterilisiertes Schraubglas füllen und im Kühlschrank aufbewahren, wo sich das Sambal etwa 1 Monat halten sollte.

HINWEIS Wenn du gerne richtig scharf isst, lass bei 1 oder 2 Chilischoten die Kerne drin. Aber sei gewarnt, 2 sind wirklich das Maximum; darüber hinaus kann es schmerzhaft scharf werden!

Char kuey teow

GF

Helle und dunkle Sojasauce durch Tamari ersetzen. Für selbst zubereitetes Kecap manis (Seite 21) ebenfalls Tamari verwenden. Vegetarische Austernsauce weglassen oder die Pilzflüssigkeit wie auf Seite 11 beschrieben verwenden.

Für 4 Personen

—

Zubereitung: 20 Minuten
Garzeit: 15 Minuten

450 g frische oder 200 g getrocknete Reisbandnudeln
1 EL Pflanzenöl
150 g extrafester Tofu, gepresst (Seite 25) und zerkrümelt
4 Knoblauchzehen, fein gehackt
3-cm-Stück Ingwer, fein gehackt
1 Gemüsebrühwürfel
60 g Austernpilze, in Scheiben geschnitten
100 g Chinakohl oder Wirsingkohl, in Streifen geschnitten
50 g grünes Blattgemüse, wie Choi Sum, Pak Choi oder Mangold, in Streifen geschnitten
20 g Schnittlauch oder Frühlingszwiebeln, in Röllchen bzw. Ringe geschnitten
150 g Bohnensprossen
2 EL helle Sojasauce
2 EL dunkle Sojasauce
2 EL vegetarische Austernsauce
3 EL Kecap manis
Sambal (Seite 121) und Limettenspalten, zum Servieren

Diese gebratenen Nudeln nach Penang-Art sind sowohl in Malaysia als auch in Singapur unglaublich beliebt. *Char kuey teow* sieht vielleicht nicht besonders attraktiv aus, aber dahinter verbergen sich köstliche Reisnudeln mit leckerem Gemüse und einer würzigen Sauce. Wenn du keine breiten *kuey-teow*-Reisnudeln finden kannst, die traditionell für dieses Gericht verwendet werden, greif ersatzweise zu dünnen Reisbandnudeln, wie sie auch für Pad Thai verwendet werden. Bereite unbedingt alle Zutaten vor, bevor du mit Kochen beginnst, denn dann geht alles zack, zack!

Entweder frische Nudeln in einem Topf mit kochendem Wasser etwa 30 Sekunden blanchieren oder getrocknete Nudeln in eine hitzebeständige Schüssel geben, mit kochendem Wasser aus dem Wasserkocher übergießen und 4–7 Minuten einweichen. In jedem Fall sollten die Nudeln noch etwas Biss haben, weil sie im Wok ja noch weiter gegart werden. Das Wasser abgießen und die Nudeln unter fließendem kaltem Wasser gut abbrausen, um überschüssige Stärke zu entfernen und zu verhindern, dass sie zusammenkleben. Abtropfen lassen.

Etwa die Hälfte des Öls in einem Wok oder einer großen Pfanne erhitzen. Den Tofu darin bei starker Hitze 5 Minuten braten, bis er zu bräunen beginnt. Auf einen Teller geben. Das restliche Öl im Wok erhitzen. Knoblauch und Ingwer darin unter Rühren braten, bis sie zu duften beginnen und goldgelb sind. Den Brühwürfel hineinkrümeln und auflösen. Die Pilze hinzufügen und 1 Minute unter Rühren braten. Kohl, Blattgemüse, Schnittlauch und 100 g Bohnensprossen untermischen und unter Rühren braten, bis sie zusammenfallen.

In der Mitte eine Vertiefung machen und Sojasaucen, Austernsauce und Kecap manis hineingeben. Den gebratenen Tofu hineinsetzen und weiter unter Rühren braten, bis Gemüse und Tofu mit Sauce überzogen sind. Die Reisnudeln untermischen. Die restlichen Bohnensprossen unterheben und 1 Minute mitgaren.

Sofort mit Sambal und Limettenspalten servieren.

Gefüllte Polo-Brötchen

Ergibt 10 Brötchen

—

Zubereitung: 30 Minuten
Garzeit: 30 Minuten

Kruste

50 g weiche vegane Butter
1 EL Aquafaba (Seite 11)
100 g Weizenmehl, gesiebt
50 g weißer Zucker
3 TL Puddingpulver
¼ TL Backpulver
½ TL Vanilleextrakt
¼ TL Mandelextrakt
Gelbe Lebensmittelfarbe – optional

Brötchenteig

125 ml lauwarmes Wasser
60 ml Kokosmilch
60 ml Aquafaba
2 EL weißer Zucker
1 Päckchen Trockenbackhefe
2 EL Pflanzenöl
375 g Weizenmehl
¼ TL Salz

Füllung

1 EL Pflanzenöl
1 weiße Zwiebel, gewürfelt
1 EL dunkle Sojasauce
2 TL weißer Zucker
1 TL Sesamöl
1 EL Hoisin-Sauce
60 g grobe Sojaschnetzel, vorbereitet (Seite 25), abgetropft und halbiert
1 Prise weißer Pfeffer
1 TL Weizenmehl

Glasur

2 EL Pflanzendrink
2 TL Agavendicksaft

Was bitte haben gefüllte heiße Brötchen mit Polo zu tun? Nun, es handelt sich hier um eine Abwandlung des kantonesischen Wortes *bo lo*, was „Ananas" bedeutet. Die goldgelbe Kruste reißt beim Backen nämlich auf, sodass die Brötchen so ähnlich wie eine Ananas aussehen.

Für die Kruste die Butter in einer großen Schüssel etwa 3 Minuten hell und cremig rühren. Die restlichen Zutaten sorgfältig einarbeiten. Zu einer Rolle formen, in Frischhaltefolie einschlagen und etwa 1 Stunde im Kühlschrank ruhen lassen.

Für den Brötchenteig Wasser, Kokosmilch, Aquafaba und Zucker in einer großen Schüssel verrühren. Die Hefe unterrühren. Etwa 10 Minuten quellen lassen. Das Öl einrühren, dann nach und nach Mehl und Salz darübersieben und mit einem Holzlöffel mischen, bis die Zutaten gebunden sind. Den Teig auf der Arbeitsfläche etwa 7 Minuten kneten, bis er glatt und elastisch ist. Zurück in die Schüssel geben und mit einem feuchten Tuch abdecken. An einem warmen Ort etwa 1 Stunde gehen lassen.

Für die Füllung das Öl in einer großen beschichteten Pfanne erhitzen. Die Zwiebel darin in etwa 3 Minuten glasig braten. Sojasauce, Zucker, Sesamöl und Hoisin-Sauce unterrühren. Die Sojaschnetzel untermischen und 2–3 Minuten braten. Mit dem Pfeffer würzen. Das Mehl mit 60 ml Wasser verquirlen, in die Pfanne gießen und unter ständigem Rühren kochen, bis die Masse eingedickt ist. Abkühlen lassen.

Den Brötchenteig zum Entgasen kurz durchkneten. Auf die gut bemehlte Arbeitsfläche geben und in 10 Portionen teilen. Die Teiglinge mit einem Nudelholz zu 13–15 cm großen Kreisen ausrollen und je 1 gehäuften Esslöffel Füllung in die Mitte setzen. Den Teig um die Füllung schließen und zusammendrücken. Den Teig für die Kruste aus dem Kühlschrank nehmen und in 10 Scheiben schneiden. Mit Frischhaltefolie abgedeckt zu etwa 5 mm dicken Kreisen ausrollen und die Brötchen damit bedecken. Mit einem Messer ein Rautenmuster einritzen.

Die Brötchen auf ein mit Backpapier belegtes Backblech setzen. Für die Glasur Pflanzendrink und Agavendicksaft verquirlen. Die Brötchen damit bestreichen, mit Frischhaltefolie abdecken und weitere 20 Minuten gehen lassen.

In der Zwischenzeit den Backofen auf 175 °C vorheizen. Die Brötchen in 15–18 Minuten goldgelb backen.

Veganer Roti John

GF *Glutenfreies Brot verwenden.*

Für 2 Personen

—

Zubereitung: 15 Minuten
Garzeit: 20 Minuten

2 Baguettestücke (à 15 cm) oder 2 Baguettebrötchen
Öl oder vegane Butter, zum Rösten
Sriracha-Sauce oder Sambal (Seite 121), vegane Mayonnaise und Gurkenscheiben, zum Servieren

Füllung
1 TL Pflanzenöl
1 rote Zwiebel, fein gewürfelt
2 Knoblauchzehen, fein gehackt
40 g feine Sojaschnetzel, vorbereitet (Seite 25)
2 TL Currypulver
2 TL gemahlener Kreuzkümmel
¼ TL Salz

Omelett
170 g Seidentofu
60 ml Pflanzendrink
30 g Kichererbsenmehl
¼ TL Salz
1 Prise gemahlene Kurkuma
1 TL Maismehl
1 Prise Backpulver
Schwarzsalz, zum Bestreuen

Wie viele bekannte, leckere Gerichte hat auch *roti John* eine kuriose Entstehungsgeschichte. Einer Version zufolge hatte ein Hawker in Singapur, als er einen Hamburger zubereiten sollte, die spontane Idee, das Fleisch mit einem Omelett in ein gebuttertes Baguette zu geben und seine Kreation *roti John* (Johns Brot) zu nennen – nach dem verwirrten Touristen, der den Hamburger bestellt hatte –, und tatsächlich ist dieser „Singapur-Burger" mit der knusprigen Eierfüllung eine etwas seltsame, aber sehr leckere Kreation. Wenn du es feuriger magst, gib noch etwas Sambal drauf.

Für die Füllung das Öl in einer beschichteten Pfanne erhitzen. Zwiebel und Knoblauch darin bei mittlerer Hitze etwa 3 Minuten braten, bis sie zu duften beginnen und weich werden. Sojaschnetzel und Gewürze dazugeben und weiterbraten, bis die Gewürze duften und die Sojaschnetzel etwas trockener aussehen. Mit Salz würzen und in eine Schüssel füllen.

Die Baguettestücke oder -brötchen längs einschneiden und aufklappen. Die Innenseiten dünn mit Öl oder veganer Butter bestreichen und in der heißen Pfanne rösten. Beiseitestellen.

Für das vegane Omelett alle Zutaten im Mixer oder Foodprozessor glatt mixen. Die Masse unter die gebratenen Sojaschnetzel ziehen.

Die Pfanne bei mittlerer Hitze heiß werden lassen, ggf. leicht einfetten. Die Hälfte der Masse einfüllen und etwa 3 Minuten stocken lassen, bis die Unterseite fest ist. Dabei die Masse mit einem Spatel auf die Größe des Baguettes zusammenschieben. Ein Baguette mit der Schnittseite nach unten auf das Omelett legen. Omelett, das noch herausragt, mit dem Spatel unter das Baguette schieben. Zugedeckt weitere 3–5 Minuten garen.

Wenn das Omelett fest ist, das Baguette vorsichtig wenden und auf einen Teller setzen. Das Omelett mit etwas Sriracha-Sauce oder Sambal beträufeln und nach Belieben einen Klacks vegane Mayo daraufsetzen. Mit ein paar Gurkenscheiben garnieren und das Baguette zusammenklappen. Das zweite Baguette ebenso zubereiten.

Klebreisbällchen mit Erdnüssen

GF

Für 2 Personen

—

Zubereitung: 15 Minuten
Garzeit: 15 Minuten

100 g Klebreismehl
50 g + 3 EL weißer Zucker
70 g geröstete Erdnusskerne, gemahlen

Schalottenöl
125 ml Pflanzenöl
5 Schalotten, in feine Streifen geschnitten

Ohne Erdnüsse geht in der Küche Singapurs gar nichts, und diese süßen Reisbällchen in Erdnusspanade namens *muah chee* sind ein gutes Beispiel dafür. In der Schule waren sie mein Lieblingspausensnack – ein Tag ohne eine Schale *muah chee* war kein guter Tag, zumal sie super gegen einen knurrenden Magen helfen.

Für das Schalottenöl das Öl in einer Pfanne oder einem Wok erhitzen und die Schalotten darin goldbraun und knusprig braten. Vom Herd nehmen und die Schalotten im Öl ziehen lassen, bis es abgekühlt ist. Das Öl durch ein Haarsieb in ein sterilisiertes Schraubglas passieren (für die Reisbällchen wird nur 1 Esslöffel Schalottenöl benötigt; der Rest hält sich an einem kühlen, dunklen Ort 3–4 Monate und kann zum Verfeinern von Wokgerichten und Currys verwendet werden).

Einen Dämpfkorb auf einen Topf mit kochendem Wasser setzen. In einer hitzebeständigen Schüssel, die in den Dämpfkorb passt, Reismehl und 50 g Zucker mit 1 Esslöffel Schalottenöl und 185 ml Wasser zu einem glatten, klümpchenfreien Teig verrühren. Die Schüssel in den Dämpfkorb stellen und die Reismasse 15 Minuten dämpfen, dabei nach der Hälfte der Zeit umrühren.

In der Zwischenzeit Erdnüsse und 3 Esslöffel Zucker in einem tiefen Teller mischen.

Die Reismasse auf die Erdnussmischung stürzen. Die Masse mit einer Schere in kleine Stücke schneiden. Mit einem Löffel in der Erdnussmischung zu Kugeln formen; so kleben sie nicht zusammen. Zum einfachen Verzehr mit Holzspießchen servieren!

HINWEIS Für die Zubereitung in der Mikrowelle die Reismasse in einer mikrowellengeeigneten Schüssel mit Frischhaltefolie 1 Minute lang auf höchster Stufe erhitzen, umrühren und abgedeckt noch 1 Minute erhitzen. Noch einmal umrühren und weitere 30 Sekunden in der Mikrowelle garen.

NUSSFREI Die Erdnüsse durch schwarze Sesamsamen ersetzen.

TUNG LOK

Pandan-Kokos-Bällchen

GF

Ergibt 20 Stück
(für 4 Personen)

—

Zubereitung: 20 Minuten
Garzeit: 40 Minuten

Teig

80 g Süßkartoffel, gewürfelt
80 g Klebreismehl
1 Prise Salz

Kokosmischung

50 g frisches Kokosfleisch, geraspelt, oder 40 g Kokosraspel
1 Pandanblatt, in kurze Streifen geschnitten
¼ TL Salz
70 g Palmzucker, Kokosblütenzucker oder brauner Zucker

Diese Teigbällchen, *onde* genannt, gehören zu den ersten Gerichten, die ich im Hauswirtschaftsunterricht in der Schule gelernt habe. Wenn man hineinbeißt, platzen sie auf und geben eine köstliche Karamellfüllung frei. Achte beim Rollen darauf, dass die Teighülle nicht zu dünn wird, sonst läuft die Füllung schon in der Pfanne aus und nicht erst im Mund. Für dieses Rezept solltest du Palmzucker in Blockform verwenden, da sich die Bällchen damit leichter füllen lassen.

Die Süßkartoffelwürfel 5–7 Minuten dämpfen, bis sie sehr weich sind und sich problemlos mit einer Gabel einstechen lassen. In eine Schüssel geben und mit Reismehl, Salz und 2 Esslöffeln kaltem Wasser mit einem Kartoffelstampfer zu einer glatten, dicken Masse zerstampfen. Im Kühlschrank abkühlen lassen, während die restlichen Zutaten zubereitet werden.

Kokosraspel, Pandanblatt und Salz in eine Schüssel geben, die in deinen Dämpfkorb passt, und sorgfältig mischen. Die Schüssel in den Dämpfkorb setzen und die Mischung 15–20 Minuten auf einem Topf mit kochendem Wasser dämpfen, bis das Kokosfleisch duftet und weich ist.

Für die Füllung den Palmzucker in Blockform in kleine Stücke oder Würfelchen schneiden. Mit körnigem Zucker ist das Füllen der Klößchen etwas schwieriger, aber nicht unmöglich!

Einen großen Topf Wasser aufkochen. Die Süßkartoffelmasse in 20 Portionen teilen und zu Kugeln formen. In der Handfläche flach drücken und ein Stück Zucker (oder ½–1 Teelöffel Kristallzucker) in die Mitte geben, dann die Masse um den Zucker schließen und wieder zu Kugeln formen. Die Masse muss den Zucker vollständig einschließen und darf weder Löcher noch Risse aufweisen, sonst läuft der Zucker beim Garen aus. Sobald ein Bällchen fertig geformt ist, ins siedende Wasser geben und 3–5 Minuten ziehen lassen, bis es an die Oberfläche steigt. Sollte der Topf zu voll werden, mit der Herstellung der Bällchen kurz warten.

Die Bällchen mit einem Schaumlöffel herausnehmen und in den Kokosraspeln wenden, bis sie rundum eingehüllt sind.

Diese Bällchen werden am besten warm serviert, solange die Zuckerfüllung noch flüssig ist – aber erst 5 Minuten abkühlen lassen, damit du dir nicht den Mund verbrennst.

Sugee Cake

Für 12 Personen

—

Zubereitung: 30 Minuten
(zzgl. Quellen über Nacht)
Garzeit: 45 Minuten

120 g vegane Butter
300 g feiner Weichweizengrieß
250 ml Pflanzendrink
75 g Weizenmehl
130 g Puderzucker
130 g veganer Joghurt oder 125 ml Kokosmilch
1 TL Backpulver
½ TL Backnatron
1 Prise Salz
½ TL Vanilleextrakt
½ TL Mandelextrakt
1 EL Agavendicksaft
1 EL Weinbrand
½ TL gemahlener Zimt
40 g Mandeln, fein gehackt
2 EL Aprikosenkonfitüre, zum Bestreichen
Mandelblättchen und ganze Pistazien, zum Garnieren

Veganes Marzipan
150 g gemahlene Mandeln
110 g Puderzucker
1 EL Ahornsirup
1 TL Zitronensaft
¼ TL Mandelextrakt – optional

In meiner Familie hat Sugee Cake eine lange Tradition (*sugee* bedeutet „Grieß"). Jeder Geburtstag, jede Hochzeit, eigentlich jede Feier gipfelte im Anschneiden dieser herrlichen Torte. Niemand konnte sie besser backen als mein Großvater, der so was wie ein Sugee-Experte war, auch wenn er sich nie an ein bestimmtes Rezept hielt. Normalerweise besteht der Teig aus vielen Eiern (mindestens 5 Eigelbe) und reichlich Butter und wird in kleinen Scheiben gegessen. Eine vegane Variante zu entwickeln war deshalb nicht ganz einfach. Aber ich habe nicht aufgegeben!

Die vegane Butter in einer Schüssel cremig rühren, dann Grieß und Pflanzendrink unterrühren. Abgedeckt über Nacht im Kühlschrank quellen lassen.

Am nächsten Tag den Backofen auf 180 °C vorheizen. Eine Backform (18 cm Durchmesser) einfetten und mit Backpapier auskleiden. Die Grießmasse aus dem Kühlschrank nehmen. Mehl und Puderzucker hineinsieben und sorgfältig einarbeiten. Joghurt, Backpulver, Natron, Salz, Vanille- und Mandelextrakt, Agavendicksaft, Weinbrand und Zimt hinzufügen und so lange rühren, bis die Zutaten gut gemischt sind. Die Mandeln unterheben. Den Teig in die Form füllen und im vorgeheizten Ofen 45 Minuten backen, bis ein in die Teigmitte gestochener Holzspieß sauber herauskommt.

In der Zwischenzeit für das Marzipan die Mandeln im Foodprozessor 30–60 Sekunden lang mixen, damit sie etwas feiner werden. In eine große Schüssel füllen und den Puderzucker darübersieben. Ahornsirup, Zitronensaft, 1 Esslöffel Wasser und Mandelextrakt, falls verwendet, hinzufügen und kneten, bis die Zutaten gebunden sind. Die Masse zu einer Kugel formen und zu einer Scheibe abflachen; so lässt sie sich später leichter ausrollen. In Frischhaltefolie einschlagen und mindestens 1 Stunde kühl stellen.

Den Kuchen vollständig erkalten lassen, dann erst aus der Form lösen. Das Marzipan zu einer 18 cm großen Scheibe ausrollen. Die Aprikosenkonfitüre erwärmen und den Kuchen damit bestreichen. Die Marzipandecke auf den Kuchen legen und mit Mandeln und Pistazien garnieren.

HINWEIS Diese Torte ist trotz Aprikosenkonfitüre und Marzipan nicht allzu süß und eignet sich daher auch für alle, die nicht so sehr auf Süßes stehen. Für eine etwas süßere Torte bis zu 30 g mehr Puderzucker und 1 weiteren Esslöffel Pflanzendrink in den Teig rühren.

Pandanwaffeln mit Kokos-Erdnuss-Creme

Für 4–6 Personen

—

Zubereitung: 20 Minuten
Garzeit: 25 Minuten

2 EL Aquafaba (Seite 11)
250 ml Kokosmilch
60 ml Kokosöl, zerlassen
3 EL weißer Zucker
150 g Weizenmehl, gesiebt
1 EL Maismehl
2 TL Backpulver
1 Prise Salz
½ TL Pandanextrakt oder 1 TL Vanille- oder Kokosextrakt
Grüne Lebensmittelfarbe
Kokoschips, zum Garnieren

Kokos-Erdnuss-Creme

200 g geröstete Erdnusskerne
25 g Kokosraspel
¼–½ TL Salz
1 EL Ahornsirup

Diese Waffeln sind das absolute Highlight aus meinen Kindertagen. Mein Vater kam oft mit einer Papiertüte nach Hause, die mit verräterischen Ölflecken übersät war. Und als wäre das nicht schon Hinweis genug, stieg uns immer auch der Duft von Pandan, Erdnüssen und vanillig-süßer Kokosnuss in die Näschen. Die Waffeln selbst waren grün eingefärbt, und wenn man sie noch warm verschlang (wozu ich unbedingt rate), lief beim Hineinbeißen geschmolzene Erdnusscreme heraus. Wenn du keinen Hochleistungsmixer hast, kannst du die Waffeln auch mit Erdnusscreme aus dem Glas bestreichen. Zum Backen ist zwar ein Waffeleisen von Vorteil, aber es geht auch ohne: Gibt den Teig einfach in eine beschichtete Pfanne oder, noch besser, in eine gerippte Grillpfanne (in den Rillen bleibt die Erdnusscreme besser haften) und backe ihn als Pfannkuchen.

Das Waffeleisen vorheizen. Das Aquafaba schaumig rühren, dann Kokosmilch, Kokosöl, Zucker, Mehl, Maismehl, Backpulver, Salz und Extrakt dazugeben und rühren, bis die Zutaten gebunden sind; den Teig nicht zu lange bearbeiten.

Sobald das Waffeleisen heiß ist, etwa 125 ml Teig einfüllen und goldbraun und knusprig backen. So fortfahren, bis der gesamte Teig aufgebraucht ist. Fertige Waffeln warm halten.

In der Zwischenzeit für die Creme Erdnüsse, Kokosraspel und Salz in einem Hochleistungsmixer zu einer cremigen Masse verarbeiten. Wenn dein Mixer nicht so leistungsstark ist, bei Bedarf noch ein paar Teelöffel geschmacksneutrales Öl hinzufügen. Den Sirup einarbeiten. Direkt nach der Zubereitung ist die Creme noch leicht warm und perfekt zum Servieren!

Wenn alle Waffeln (oder Pfannkuchen) fertig sind, mit Kokoschips garnieren und sofort mit einem ordentlichen Klacks Kokos-Erdnuss-Creme servieren.

Kokos-Kaya-Creme

GF

Zubereitung: 20 Minuten
Garzeit: 40 Minuten

250 g Kürbis oder Süßkartoffeln, gewürfelt
125 ml Kokosmilch
2 Pandanblätter, geknotet, oder ½ TL Pandan- oder Vanilleextrakt
3 EL geriebener Palmzucker oder brauner Zucker

Zwar handelt es sich hierbei offiziell um ein Frühstücksgericht, doch kann man den ganzen Tag über Einheimische in *kopitiams* (Cafés) beobachten, wie sie ihren *kopi* (Kaffee) schlürfen und dazu diese flanartige Creme essen, die auch gerne mit ordentlich gesalzener Butter auf dicke Brotscheiben gestrichen wird. Ich esse die Creme auch auf Crackern oder in einem dampfend heißen Porridge.

Kürbis- oder Süßkartoffelwürfel kochen, dämpfen oder in der Mikrowelle garen, bis sie weich sind. Mit der Kokosmilch glatt pürieren.

Die Masse mit Pandanblättern oder -extrakt und Zucker in einen Topf geben und unter gelegentlichem Rühren aufkochen. Die Hitze reduzieren und 20–30 Minuten köcheln lassen, bis die Masse eingedickt ist. Die Pandanblätter entfernen und die Creme vor dem Servieren abkühlen lassen. In einem sauberen Schraubglas hält sie sich bis zu 1 Woche im Kühlschrank.

Mungbohnenporridge

GF

Für 4 Personen

—

Zubereitung: 20 Minuten (zzgl. Einweichen über Nacht)
Garzeit: 35 Minuten

5-cm-Stück Ingwer
225 g grüne Mungbohnen, über Nacht eingeweicht und abgetropft
110 g weißer Zucker
½ TL Salz
1 Pandanblatt, geknotet, oder 1 TL Pandanextrakt
250 ml Kokosmilch

Asiatische Desserts werden nicht selten mit Bohnen zubereitet. Die Japaner kochen Adzukibohnen, bis sie zu einer seidigen Paste zusammenfallen, in China wird Sojadrink mit Bohnen zu einer weichen flanartigen Creme eingedickt. In Malaysia kocht man grüne Mungbohnen in Wasser mit einigen aromatischen Zutaten und verfeinert sie mit Kokosmilch. Der daraus resultierende Brei, *bubur kacang hijau*, ist absolut lecker und ein echtes Wohlfühlessen!

Den Ingwer mit einer Zange über eine kleine offene Flamme halten, bis er angekokelt ist. Wenn du keinen Gasherd hast, kannst du diesen Schritt auch weglassen, aber das Erhitzen verleiht dem Ingwer ein weicheres, komplexeres Aroma.

Ingwer, Mungbohnen, Zucker, Salz, Pandan und 1 Liter Wasser in einen Topf geben und aufkochen. Die Hitze reduzieren und die Mischung etwa 30 Minuten köcheln lassen, bis die Bohnen weich und zart sind.

Die Kokosmilch einrühren und einmal aufkochen, dann vom Herd nehmen und den Porridge in Servierschalen füllen. Er hält sich 2–3 Tage im Kühlschrank und kann auch kalt gegessen werden.

Cendol

GF

Für 4 Personen

—

Zubereitung: 30 Minuten
Garzeit: 20 Minuten

100 g geriebener Palmzucker oder brauner Zucker
1 Pandanblatt, geknotet
125 ml zerstoßenes Eis – optional
100 g gekochte Adzukibohnen – optional
1 Dose Kokosmilch (400 ml)

Geleenudeln
50 g Reismehl
2 EL Tapiokastärke
2 TL Pandanextrakt
¼ TL Salz
Eiswürfel

Dieses farbenfrohe Dessert besteht traditionell aus Kokosmilch, roten Adzukibohnen und geleeartigen smaragdgrünen Nudeln. Die beunruhigend wurmartigen Geleenudeln sehen vielleicht nicht besonders appetitlich aus, aber glaub mir, ohne sie ist Cendol nicht authentisch. Für ihre Zubereitung brauchst du eine Käsereibe mit großen Löchern, durch die das Gelee gestrichen werden kann. Andernfalls tut es auch ein Schaumlöffel mit runden Löchern oder etwas Ähnliches.

Cendol wird in der Regel auf gehobeltem Eis oder zumindest sehr kalt serviert, was (nicht nur) in der tropischen Hitze Singapurs herrlich erfrischend ist.

Zucker und Pandanblatt mit 60 ml Wasser in einen kleinen Topf geben und 15–20 Minuten köcheln lassen, bis sich der Zucker aufgelöst hat und ein dunkler, karamellartiger Sirup entstanden ist. Abkühlen lassen.

In der Zwischenzeit für das Gelee Reismehl, Tapiokastärke, Pandanextrakt, Salz und 375 ml Wasser in einen Topf geben und mit einem Schneebesen klümpchenfrei verrühren. Eine große Schüssel Eiswasser bereitstellen. Die Geleemischung bei mittlerer Hitze 5–7 Minuten unter ständigem Rühren kochen, bis sie zu einer sehr dicken glänzenden Paste eindickt. Den Topf vom Herd nehmen und eine Käsereibe mit großen Löchern über die Schüssel mit Eiswasser halten, einen großen Klacks Geleemischung auf die Reibe fallen lassen und mit einem großen Löffel durch die Löcher in das Eiswasser streichen. Diesen Vorgang wiederholen, bis das gesamte Gelee aufgebraucht ist. Die Geleestränge 15 Minuten im Wasser lassen, dann vorsichtig abtropfen lassen und in eine Schüssel geben.

Zum Servieren etwas zerstoßenes Eis, falls verwendet, in jedes Glas geben. Einige Adzukibohnen, falls verwendet, dann eine Portion Geleenudeln darauf verteilen. Mit etwas Kokosmilch aufgießen, je nachdem, wie cremig das Cendol werden soll. Mit einer dünnen Schicht Sirup beträufeln und sofort servieren.

04

China

Bei uns im Westen ist die chinesische Küche seit Jahrzehnten angesagt. Saucen für Wokgerichte und andere chinesische Zutaten füllen die Supermarktregale, und in chinesischen Restaurants, die überall fester Bestandteil der Gastronomie sind, haben viele die Kunst des Essens mit Stäbchen gelernt – zumindest bis zu einem gewissen Grad!

Aber viele der Gerichte, die wir kennen und lieben, haben nur entfernt mit dem Essen zu tun, das in China selbst serviert wird. Die authentische chinesische Küche ist sehr traditionsreich und von der langen, wechselvollen Geschichte des Riesenreichs geprägt. Herausragend sind vor allem die sogenannten acht Küchen – Regionalküchen, die sich durch ihre geografischen Gegebenheiten besonders auszeichnen. Das Essen in entlegenen Bergdörfern unterscheidet sich erheblich von den Gerichten, die in den von üppigen Wäldern umgebenen Städten serviert werden. Auch die verschiedenen ethnischen Gruppen und Kulturen haben ihre eigenen Esskulturen. Die leichte, duftende kantonesische Küche ist vielleicht die beliebteste der acht Küchen und das, was die meisten von uns mit chinesischem Take-away-Essen oder dem Essen in Dim-Sum-Restaurants assoziieren. Berühmt ist auch die pikante Szechuan-Küche, in der feurige Chilischoten und Szechuanpfeffer großzügig zum Einsatz kommen.

Ein süßsaures Wokgericht, gefolgt von ein oder zwei Glückskeksen, dürften dir nicht fremd sein. Aber wenn du eine Suppe mit kleinen Klößen schlürfst oder in die flockige, buttrige Kruste einer Vanilletarte beißt, stellst du fest, dass das Essen aus dem Chinarestaurant nicht mal annähernd dem entspricht, was in China selbst gegessen wird.

Gerollte Reisnudeln

GF *Glutenfreie Hoisin-Sauce verwenden.*

Ergibt 8 Rollen
(für 4 Personen als Snack)
—
Zubereitung: 30 Minuten
Garzeit: 1 Stunde

160 g Reismehl
2 EL Speisestärke
3 TL Tapiokastärke
3 TL Pflanzenöl, plus etwas zum Einfetten
2 Frühlingszwiebeln, in feine Ringe geschnitten, plus etwas zum Garnieren
2 EL Sesamsamen, plus etwas zum Garnieren
Knusprig gebratene Schalotten, zum Bestreuen – optional

Dip
125 ml Hoisin-Sauce
60 ml kochendes Wasser

Bei mir um die Ecke gibt es ein Lokal, das absolut fantastische *chee chong fun* zubereitet. Dabei handelt es sich um geschmeidige, flutschige Reisnudeln, die mit Frühlingszwiebeln garniert sind. Ich ertränke sie gern in würzig-süßer Hoisin-Sauce – wer es etwas leichter mag, kann die Rollen auch in salzige Sojasauce tauchen.

Einen Dämpfkorb auf einen Topf mit kochendem Wasser setzen. Eine quadratische Form hineinsetzen; ich verwende meist eine 20 cm große Brownie-Form, aber wenn dein Korb zu klein für eine Form dieser Größe ist, funktioniert auch jede andere flache Metallbackform. Die Form etwa 15 Minuten im Dampf heiß werden lassen.

In der Zwischenzeit für den Teig Mehl, beide Stärken und Öl mit 430 ml Wasser klümpchenfrei verrühren.

Die heiße Form vorsichtig aus dem Dämpfkorb nehmen und dünn mit Öl bestreichen. Wieder 5 Minuten in den Dämpfkorb setzen und heiß werden lassen. Dann so viel Teig einfüllen, dass der Boden mit einer dünnen Schicht bedeckt ist. Mit einigen Frühlingszwiebeln und Sesam bestreuen, dann zugedeckt in 5 Minuten gar dämpfen.

Den Teig mit einem Pfannenwender nach und nach von den Rändern der Form lösen und aufrollen. Die fertige Nudelrolle auf einen Teller heben. Die Form wieder einfetten und 5 Minuten heiß werden lassen, dann die nächste Teigportion einfüllen und garen. Diesen Vorgang wiederholen, bis der gesamte Teig aufgebraucht ist. Die Rollen vor dem Servieren bei Bedarf noch einmal 1–2 Minuten zum Aufwärmen in den Dämpfkorb legen.

Für den Dip Hoisin-Sauce und heißes Wasser in einer Schale glatt verrühren.

Die Rollen mit weiteren Frühlingszwiebeln und Sesam und nach Belieben auch mit knusprig gebratenen Schalotten bestreuen. Mit dem Dip servieren oder damit beträufeln.

Congee mit gedünsteten Erdnüssen

GF *Dunkle Sojasauce durch Tamari ersetzen.*

Für 4 Personen

—

Zubereitung: 20 Minuten
Garzeit: 2 Stunden

200 g Naturreis
100 g rote Linsen
2½ l Gemüsebrühe
3 getrocknete Shiitakepilze – optional
5-cm-Stück Ingwer, fein gehackt
4 Knoblauchzehen, fein gehackt
½ TL Salz
Sesamöl, in Ringe geschnittene Frühlingszwiebeln, knusprig gebratene Schalotten und Sojasauce, zum Garnieren

Gewürzte Erdnüsse
140 g rohe Erdnusskerne
½ TL gemahlener Zimt
½ TL Fünf-Gewürze-Pulver
2 EL dunkle Sojasauce
1 EL brauner Zucker
3 Knoblauchzehen, zerdrückt

Congee ist für Asiaten das, was Hühnersuppe im Westen ist. Wir essen diesen Reisbrei, wenn wir krank sind, wenn uns kalt ist oder wenn wir was für die Seele brauchen. In meiner Kindheit fand ich eine Schüssel Congee immer sehr tröstlich, wenn meine Zahnspange nachgezogen wurde. Congee ist nicht gerade von jetzt auf gleich zubereitet, aber sobald die Zutaten mal im Topf sind, garen sie von allein vor sich hin.

Für die gewürzten Erdnüsse alle Zutaten mit 500 ml Wasser in einen kleinen Topf geben und sorgfältig mischen. Bei schwacher Hitze etwa 2 Stunden köcheln lassen, bis die Erdnüsse sehr weich sind. Dabei darauf achten, dass die Mischung nicht zu trocken wird; bei Bedarf einen Spritzer Wasser hinzufügen.

Für das Congee alle Zutaten bis auf die Garnierung in einem großen Topf mischen und bei mittlerer Hitze aufkochen. Die Hitze reduzieren und alles zugedeckt 1–2 Stunden garen – je nachdem, wie dick das Congee werden soll –, bis Reis und Linsen sehr weich sind und fast zerfallen; dann geben sie ihre Stärke ab und die Flüssigkeit dickt ein. Dabei gelegentlich umrühren und bei Bedarf etwas Wasser hinzufügen.

Zum Servieren das Congee in Schalen füllen und eine großzügige Portion Erdnüsse daraufgeben. Großzügig mit Sesamöl, Frühlingszwiebeln, gebratenen Schalotten und Sojasauce garnieren.

Teigtaschen falten

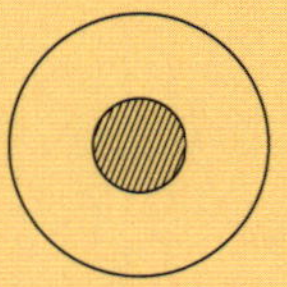

Einen Löffel Füllung in die Mitte auf ein Teigblatt geben und mit einem Finger die Teigränder mit Wasser befeuchten.

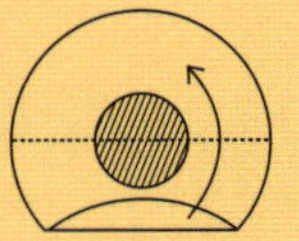

Das Teigblatt zusammenklappen, sodass eine Halbmondform entsteht.

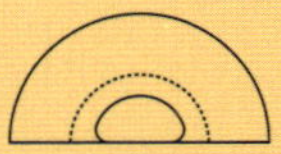

Die Luft zwischen Füllung und Teig vorsichtig herausstreichen.

Den Teigrand andrücken.

Den Teigrand in 5–7 Falten zusammendrücken und die Teigtaschen leicht sichelförmig krümmen.

Pilz-Schnittlauch-Teigtaschen

GF

Glutenfreie Teigblätter verwenden und Sojasauce durch Tamari ersetzen.

Ergibt 30 Stück
(für 4–6 Personen)
—
Zubereitung: 30 Minuten
Garzeit: 20 Minuten

30 gekaufte oder selbst gemachte Teigblätter (Seite 21)
1 EL Pflanzenöl und
1 TL Sesamöl, wenn die Teigtaschen gebraten werden
Helle Sojasauce, zum Servieren

Füllung
100 g Champignons, sehr fein gehackt
80 g Frühlingszwiebeln, sehr fein gehackt
80 g Möhren, geraspelt
75 g Chinakohl oder Wirsing, fein gehackt
50 g gegarte Reisvermicelli, in kurze Stücke geschnitten
2 TL helle Sojasauce
1 EL Speisestärke
2 TL Sesamöl

Wenn ich zu Hause in Singapur in mein Lieblings-Dim-Sum-Restaurant gehe, bestelle ich als Erstes immer *Jiaozi*. Oft werden sie nur in Dampf gegart, aber ich finde, dass die Teigtaschen erst so richtig lecker werden, wenn man sie nach dem Dämpfen knusprig braun anbrät. Fadennudeln oder Reisvermicelli findest du in jedem gut sortierten Supermarkt im Regal für asiatische Lebensmittel oder in der Nudelabteilung, in manchen Geschäften gibt es sogar vorgekochte Nudeln im Kühlregal. Getrocknete Nudeln einfach 3 Minuten kochen, sofort in einer Schüssel mit kaltem Wasser abschrecken und dann gut abtropfen lassen.

Für die Füllung alle Zutaten in eine große Schüssel geben und von Hand sorgfältig vermengen.

Die Teigblätter wie gegenüber beschrieben füllen und falten.

Einen Dämpfkorb mit Backpapier auslegen und so viele Teigtaschen wie möglich mit der Naht nach oben hineinsetzen, ohne den Korb zu überfüllen; die Teigtaschen dürfen sich nicht berühren. Den Dämpfkorb auf einen Topf mit kochendem Wasser setzen und die Teigtaschen zugedeckt 10–12 Minuten dämpfen. Den Vorgang mit den restlichen Teigtaschen wiederholen.

Eine Pfanne bei mittlerer bis starker Hitze heiß werden lassen. Das Pflanzenöl hinzufügen und die Teigtaschen mit der Naht nach oben etwa 3 Minuten braten, bis die Unterseite knusprig braun ist. So viel Wasser dazugießen, dass die Teigtaschen halb bedeckt sind. Sofort den Deckel aufsetzen und die Teigtaschen 3 Minuten dünsten. Mit dem 1 Teelöffel Sesamöl beträufeln und weitergaren, bis das gesamte Wasser verdampft ist.

Die Teigtaschen noch warm mit einer kleinen Schale heller Sojasauce zum Dippen servieren.

Pfannkuchen mit Frühlingszwiebeln

Ergibt 8 Pfannkuchen
—
Zubereitung: 20 Minuten (zzgl. Teigruhe)
Garzeit: 10 Minuten

125 ml Gemüsebrühe
¼ TL Salz
½ TL Knoblauchpulver – optional
180 g Weizenmehl, plus etwas zum Bestäuben
2 EL Sesamöl, zum Einfetten
2 Frühlingszwiebeln, fein gehackt
Pflanzenöl, zum Braten

Dip
1 EL helle Sojasauce
1 TL chinesischer Essig oder Reisessig
1 TL Mirin
1 TL Sesamöl
1 Frühlingszwiebel, in Ringe geschnitten
½ TL Sriracha-Sauce – optional
1 TL Zucker

Dieser beliebte chinesische Appetizer mit seiner herrlich saftig-fluffigen Textur lässt sich ganz einfach zu Hause zubereiten. Verwende beim Backen mindestens 1 Teelöffel Öl pro Pfannkuchen, damit sie schön bräunen und die gewünschte Textur erhalten!

Die Gemüsebrühe aufkochen. Salz und Knoblauchpulver, falls verwendet, unterrühren, bis sie sich aufgelöst haben. Das Mehl in eine große, hitzebeständige Schüssel sieben, dann die heiße Brühe unter Rühren in einem dünnen Strahl dazugießen, bis der Teig fest zu werden beginnt. Den Teig auf eine mit Mehl bestäubte Arbeitsfläche geben und, falls er noch zu heiß ist, etwas abkühlen lassen. Dann etwa 5 Minuten kneten, bis er glatt und elastisch ist. Den Teig in eine saubere Schüssel geben, mit Frischhaltefolie abdecken und mindestens 30 Minuten ruhen lassen.

In der Zwischenzeit für den Dip alle Zutaten in einer Schale verrühren.

Das Sesamöl in eine Schale geben. Den Teig zu einer Rolle formen und in acht Portionen teilen. Mit einem Nudelholz zu etwa 3 mm dicken Kreisen ausrollen. Leicht mit Sesamöl bestreichen und mit etwa 1 Teelöffel Frühlingszwiebeln bestreuen. Die Teigscheibe fest aufrollen und die Enden zusammendrücken. Den Strang wie eine Schnecke aufrollen, dann mit dem Nudelholz zu einem dünnen Pfannkuchen ausrollen. Auf diese Weise entstehen fast blätterteigartige Teiglagen.

Etwas Pflanzenöl in einer beschichteten Pfanne erhitzen. Die Pfannkuchen etwa 1 Minute von jeder Seite bei mittlerer Hitze goldbraun backen.

Sofort mit dem Dip servieren.

Süßsaure Champignons

GF

Weizenmehl durch Reismehl ersetzen und glutenfreie Brösel verwenden.

Für 2 Personen

—

Zubereitung: 25 Minuten
Garzeit: 30 Minuten

40 g Weißbrotbrösel
¼ TL Salz
40 g Weizenmehl
¼ TL Chilipulver
¼ TL weißer Pfeffer
60 ml Pflanzendrink
10 Champignons
Geschnittene Frühlingszwiebel und Sesamsamen, zum Garnieren
Gedämpfter Reis, zum Servieren

Süßsaure Sauce
1 EL Pflanzenöl
1 rote Zwiebel, grob gehackt
1 kleine rote Paprikaschote, entkernt, in Streifen geschnitten
1 kleine grüne Paprikaschote, entkernt, in Streifen geschnitten
1 Stange Staudensellerie, in Scheiben geschnitten
160 g Ananasstückchen
125 ml Ananassaft
1 TL Zucker
1 Prise Salz
2 EL Zitronensaft
3 EL Tomatenketchup
1 EL Sriracha-Sauce – optional

Bei Pilzen gehen die Meinungen auseinander. Ich kenne Leute, die sie lieben, und andere, die schreiend davonlaufen. Wenn du zu Letzteren gehörst, kannst du die Pilze gegen ein anderes Gemüse wie Blumenkohl oder auch Tofu austauschen – denk nur daran, die Garzeit entsprechend anzupassen. Wenn du das Gericht nicht sofort nach der Zubereitung servieren möchten, solltest du Pilze und Sauce getrennt aufbewahren, da die Panade aufweicht, wenn sie zu lange in der Sauce bleibt.

Den Backofen auf 200 °C vorheizen. Ein Backblech mit Backpapier oder einer Silikonmatte belegen.

Die Weißbrotbrösel in einer Pfanne ohne Fett goldgelb rösten. Die gerösteten Brösel und die Hälfte des Salzes in einem tiefen Teller mischen. Mehl, Chilipulver, Pfeffer und restliches Salz in einem zweiten tiefen Teller mischen, den Pflanzendrink in einen dritten füllen. Die Pilze nacheinander in der Mehlmischung wenden, bis sie eingehüllt sind, dann in den Pflanzendrink tauchen und schließlich in den Bröseln wenden. Die panierten Pilze auf das Backblech legen und im vorgeheizten Ofen in 12–15 Minuten goldbraun und knusprig backen.

In der Zwischenzeit für die Sauce das Öl in einer großen beschichteten Pfanne erhitzen. Die Zwiebeln darin bei mittlerer Hitze in etwa 5 Minuten glasig braten. Paprika, Sellerie und 125 ml Wasser hinzufügen und zugedeckt 5–7 Minuten garen, bis die Paprika weich und der Sellerie knackig gar ist. Ananasstücke und -saft, Zucker, Salz, Zitronensaft, Ketchup und, falls verwendet, Sriracha-Sauce hinzufügen. Die Sauce unter gelegentlichem Rühren 5–7 Minuten köcheln und eindicken lassen.

Die gebackenen Pilze in die Sauce geben. Mit Frühlingszwiebeln und Sesam garnieren und sofort mit Reis servieren.

Scharfe Szechuan-Nudeln

GF *Sojasauce durch Tamari und Weizennudeln durch Reis- oder Buchweizennudeln ersetzen.*

Je nach Chiliöl-Menge ...

Für 4 Personen

—

Zubereitung: 30 Minuten
Garzeit: 25 Minuten

200 g getrocknete Weizennudeln
500 ml heiße Gemüsebrühe
In Scheiben geschnittene Frühlingszwiebel, Sesam und Chiliöl, zum Servieren

„Hackmischung"
2 TL Pflanzenöl
4 Knoblauchzehen, fein gehackt
1-cm-Stück Ingwer, fein gehackt
1 Schalotte, sehr fein gehackt
2 Frühlingszwiebeln, gehackt
1 EL dunkle Sojasauce
80 g feine Sojaschnetzel, vorbereitet (Seite 25)
1 Prise frisch gemahlener weißer Pfeffer

Sauce
1 TL Sesamöl
2 EL Tahini
2 TL Erdnusscreme – optional
½ TL weißer Zucker
1 EL helle Sojasauce
2-4 TL Chiliöl (Seite 20)

Dan dan mian **– der Name leitet sich von den Tragestangen der Nudelverkäufer ab – sind in meiner Familie und in vielen chinesischen Restaurants sehr beliebt. Es gibt viele Varianten, aber die meiner Meinung nach beste ist eine suppenartige Version mit buttriger Sesampaste und Chiliöl. Ich verfeinere die Nudeln gern mit einem Klacks Erdnusscreme, was zwar nicht traditionell ist, aber der Brühe einen herrlich nussigen Unterton verleiht. Serviere die Nudeln kochend heiß ... schlürfen ist erlaubt!**

Für die „Hackmischung" das Öl in einem Wok oder einer Pfanne erhitzen. Knoblauch, Ingwer und Schalotte darin bei mittlerer Hitze etwa 3 Minuten braten, bis sie zu duften beginnen. Frühlingszwiebeln und dunkle Sojasauce unterrühren und 2 Minuten mitbraten. Abgetropfte Sojaschnetzel und Pfeffer untermischen. Abgedeckt beiseitestellen.

Die Nudeln nach Packungsanweisung gar kochen.

Für die Sauce Sesamöl, Tahini, Erdnusscreme, falls verwendet, Zucker, helle Sojasauce, Chiliöl und 1 Esslöffel Wasser glatt verrühren. Auf vier Suppenschalen verteilen.

Die Nudeln abtropfen lassen, auf die Schalen verteilen und in der Sauce schwenken. Je 125 ml heiße Brühe dazugießen. Einen großen Löffel „Hackmischung" hinzufügen. Mit Frühlingszwiebeln und Sesam garnieren und nach Belieben mit weiterem Chiliöl beträufeln.

Gua bao mit Süßkartoffeln

GF

Sojasauce durch Tamari ersetzen. Prüfen, ob der Essig glutenfrei ist.

Für 4 Personen

—

Zubereitung: 30 Minuten
Garzeit: 1 Stunde

180 ml lauwarmes Wasser
2 EL weißer Zucker
2 TL Trockenbackhefe
300 g Weizenmehl, plus etwas zum Bestäuben
¼ TL Salz
½ TL Backpulver
1 EL Pflanzenöl
Gemahlene Erdnusskerne, Koriandergrün und Sriracha-Sauce, zum Servieren

Süßkartoffeln
3 Süßkartoffeln, geschält
6 Knoblauchzehen, zerdrückt
4 × 3-cm-Stücke Ingwer
4 Sternanis
1 Prise frisch gemahlener weißer Pfeffer
¼ TL Fünf-Gewürze-Pulver
2 EL Reiswein oder trockener Weißwein
60 ml helle Sojasauce
1 TL weißer Zucker

Pickles
1 kleine Salatgurke
1 kleine Möhre
½ TL Sesamöl
2 EL Reis- oder Apfelessig
1 TL weißer Zucker
1 TL helle Sojasauce

***Gua bao* stammt ursprünglich aus Taiwan und ist ein beliebtes Straßenessen, das sich schnell verbreitet hat, nicht zuletzt durch die Restaurantkette Momofuku. Hier ist meine vegane Version, bei der ich die klassische Schweinebauch-Füllung durch kräftig gewürzte saftige Süßkartoffeln, salzige Pickles und knackige Erdnüsse ersetze.**

Für den Bao-Teig Wasser, Zucker und Hefe in einer großen Schüssel mischen und etwa 5 Minuten quellen lassen, bis sich Bläschen bilden. Das Mehl darübersieben. Salz, Backpulver und Öl hinzufügen. Mischen, bis die Zutaten gebunden sind. Den Teig auf die Arbeitsfläche geben und etwa 7 Minuten kneten, bis er glatt und elastisch ist. Zu einer Kugel formen und wieder in die Schüssel geben. Mit einem feuchten Tuch abdecken und etwa 1 Stunde gehen lassen, bis sich das Teigvolumen verdoppelt hat.

In der Zwischenzeit die Süßkartoffeln längs in acht Spalten teilen. Die Spalten mit den restlichen Zutaten und 60 ml Wasser in einen großen Topf geben und zugedeckt bei schwacher Hitze etwa 30 Minuten sehr weich kochen.

Für die Pickles Gurke und Möhre in Bänder schneiden. Mit den restlichen Zutaten in eine Schüssel geben, sorgfältig mischen und bis zum Servieren kühl stellen.

Wenn der Bao-Teig aufgegangen ist, zum Entgasen kurz durchkneten. In acht gleich große Portionen teilen und zu etwa 13 × 8 cm großen Ovalen ausrollen. Entweder die Ovale zur Hälfte mit Öl bestreichen oder mit Backpapier-Quadraten bedecken. Die andere Hälfte darüberklappen – das Öl bzw. das Papier fungiert als Trennschicht. Die Teiglinge abgedeckt weitere 20 Minuten an einem warmen Ort gehen lassen.

Den Boden eines Dämpfkorbs mit Backpapier belegen. Den Dämpfkorb auf einen Topf mit kochendem Wasser setzen. 3 oder 4 Brötchen mit genügend Abstand in den Dämpfkorb legen. Den Deckel aufsetzen und die Hitze so regulieren, dass das Wasser siedet. Die Brötchen 15 Minuten dämpfen, bis sie durchgebacken sind. Den Deckel alle 5 Minuten kurz anheben, damit Dampf entweichen kann, sonst geht der Teig zu schnell auf und fällt in sich zusammen.

Die Brötchen mit Süßkartoffelspalten, Pickles, Erdnüssen und Koriander füllen und mit einem Spritzer Sriracha-Sauce garnieren. Für zusätzliches Aroma können die *gua bao* vor jedem Bissen in die Süßkartoffelsauce getunkt werden.

Mapo-Tofu

Für 4 Personen

—

Zubereitung: 20 Minuten
Garzeit: 20 Minuten

- 1 EL Pflanzenöl
- 2 Knoblauchzehen, fein gehackt
- 3-cm-Stück Ingwer, fein gehackt
- 40 g feine Sojaschnetzel, vorbereitet (Seite 25)
- 1 EL Miso
- 1 EL Doubanjiang (scharfe Bohnensauce)
- 250 ml Gemüsebrühe
- 1 EL dunkle Sojasauce
- 300 g extrafester Tofu, gepresst (Seite 25) und gewürfelt
- ½ TL Speisestärke
- 1 TL Sesamöl
- ½ TL weißer Zucker
- Geschnittene Frühlingszwiebeln, rote Chilischoten und Sesamsamen, zum Garnieren
- Gedämpfter Reis, zum Servieren

Für dieses Gericht wird eine chinesische Sauce aus fermentierten dicken Bohnen namens *doubanjiang* (auch *tobanjiang*) benötigt, die in der Regel in Asialäden erhältlich ist. Falls du sie nicht findest, kannst du sie durch 1 weiteren Esslöffel Miso und 1 Teelöffel Sriracha-Sauce ersetzen. Das Aroma ist dann zwar etwas anders, aber immer noch ziemlich lecker. Ich verwende hier gerne festen Tofu, da er sich gut zum Anbraten eignet. Wenn du vorsichtig mit dem Pfannenwender umgehst, funktioniert auch traditionellerer Seidentofu gut.

Das Öl in einer großen beschichteten Pfanne erhitzen. Knoblauch und Ingwer darin bei mittlerer Hitze 1–2 Minuten braten, bis sie zu duften beginnen. Die abgetropften Sojaschnetzel dazugeben und etwa 1 Minute mitbraten. Miso und Doubanjiang einrühren, bis keine großen Klumpen mehr vorhanden sind – ggf. 1 Spritzer Brühe hinzufügen, damit sich die Pasten besser auflösen. Sobald die Masse glatt ist, restliche Brühe und Sojasauce unterrühren, dann aufkochen. Den Tofu hinzufügen.

Die Speisestärke mit 1 Esslöffel Wasser in einer Schale klümpchenfrei verrühren. Unter Rühren in die Pfanne gießen und 3–5 Minuten weiterrühren, bis die Sauce einzudicken beginnt.

Sesamöl und Zucker unterrühren. Mit Frühlingszwiebeln, Chili und Sesam garnieren und mit gedämpftem Reis servieren.

Shanghai-Teigtaschen mit Brühe

Ergibt 24–30 Teigtaschen (für 4–6 Personen)

—

Zubereitung: 20 Minuten (zzgl. Kühlen)
Garzeit: 20 Minuten

1 Portion selbst gemachte Teigblätter (Seite 23)*
Schwarzer Essig (oder Sojasauce) mit Ingwerstiften, zum Dippen

Aspik
375 ml Gemüsebrühe
½ TL Agar-Agar-Pulver

Füllung
40 g feine Sojaschnetzel, vorbereitet (Seite 25)
2 Frühlingszwiebeln, sehr fein gehackt
1 TL weißer Zucker
1 EL helle Sojasauce
¼ TL Sesamöl
1 Prise weißer Pfeffer
3-cm-Stück Ingwer, sehr fein gehackt

Ich habe schon viele Touristen gesehen, die Opfer dieser *xiao long bao* geworden sind. Diese kleinen Teigtaschen sollte man immer mit einem Suppenlöffel essen, damit die heiße Brühe im Inneren beim Hineinbeißen in den Löffel fließen kann. Der Versuch, sie mit Stäbchen zu essen, führt mit ziemlicher Sicherheit dazu, dass die Brühe auf der Kleidung landet. Wenn die Suppe nach dem Biss in die Teigtasche noch zu heiß ist, lass sie kurz auf dem Löffel abkühlen.

Für das Aspik Brühe und Agar-Agar in einem kleinen Topf verrühren und aufkochen. Die Hitze reduzieren und 5 Minuten köcheln lassen. In eine hitzebeständige Schüssel oder einen Plastikbehälter füllen, abkühlen und dann 4–6 Stunden im Kühlschrank gelieren lassen, bis das Aspik fest ist. Ich mache das oft am Vortag.

Für die Füllung abgetropfte Sojaschnetzel, Frühlingszwiebeln, Zucker, Sojasauce, Sesamöl, Pfeffer und Ingwer in einer Schüssel vermengen. Das Aspik aus dem Kühlschrank nehmen, klein würfeln und unter die Füllung mischen.

Den Boden eines Dämpfkorbs mit Chinakohlblättern oder Backpapier belegen. Den Dämpfkorb auf einen Topf mit kochendem Wasser setzen. Ein Teigblatt auf die flache Hand legen und knapp 1 Esslöffel Füllung in die Mitte setzen. Den Rand des Teigblatts mit den Fingern der anderen Hand mit Wasser befeuchten und über der Füllung zusammendrücken, sodass ein Säckchen entsteht.

Fertige Teigtaschen mit etwa 3 cm Abstand in den Dämpfkorb setzen und 10 Minuten dämpfen. Die Teigtaschen warm mit schwarzem Essig oder Sojasauce mit Ingwerstiften zum Dippen servieren.

* Ich rate von gekauften Teigblättern ab, da sie zu dünn sind.

Gefüllte Salatblätter

Für 4 Personen als Vorspeise
—
Zubereitung: 15 Minuten
Garzeit: 15 Minuten

1 EL Pflanzenöl
80 g feine Sojaschnetzel, vorbereitet (Seite 25)
2 Knoblauchzehen, fein gehackt
1-cm-Stück Ingwer, fein gehackt
2 EL vegetarische Austernsauce
2 TL helle Sojasauce
1 EL Limettensaft
1 Dose ganze Wasserkastanien (227 g), abgetropft und gewürfelt
2 Frühlingszwiebeln, in Ringe geschnitten
1 TL Sesamöl
1 Prise frisch gemahlener weißer Pfeffer
1 Kopf grüner Salat
Gehackte rote Chilischoten und Frühlingszwiebeln, zerstoßene geröstete Erdnusskerne, zum Servieren

San choy bao **ist eine beliebte Vorspeise in chinesischen Restaurants. Es macht Spaß, sie selbst zusammenzubauen und in den Mund zu schieben! Die Wasserkastanien verleihen der deftigen Füllung einen herrlichen Biss und einen Hauch von Frische.**

Das Öl in einer Pfanne erhitzen. Die abgetropften Sojaschnetzel darin bei mittlerer Hitze 3–5 Minuten braten, bis sie trocken und fluffig aussehen.

Knoblauch, Ingwer, Austernsauce, Sojasauce, Limettensaft, Wasserkastanien, Frühlingszwiebeln, Sesamöl und Pfeffer unterrühren und weitere 4–5 Minuten braten, bis Knoblauch und Ingwer weich geworden sind. Vom Herd nehmen.

Zum Servieren die Salatblätter mit ein paar Esslöffeln der Sojamischung füllen. Mit Chili, Frühlingszwiebeln und Erdnüssen bestreuen, aufrollen und wie einen Taco essen.

Teigtaschen falten

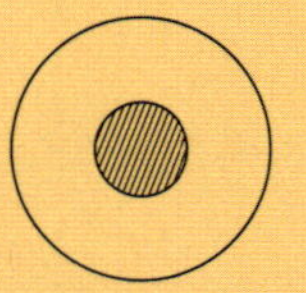

1 Löffel Füllung in die Mitte geben.

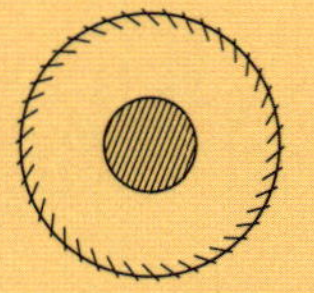

Die Teigränder mit Wasser befeuchten.

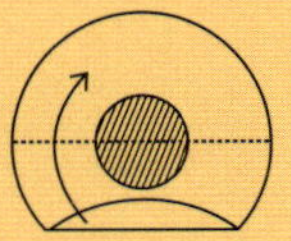

Die Teigblätter zusammenklappen, sodass Halbmonde entstehen.

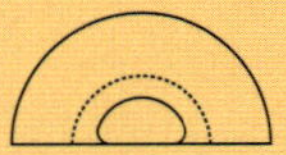

Die Luft herausstreichen und den Teigrand zusammendrücken.

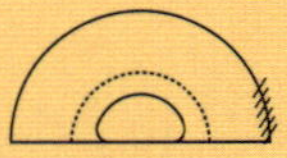

Den Teigrand auf einer Seite mit Wasser befeuchten.

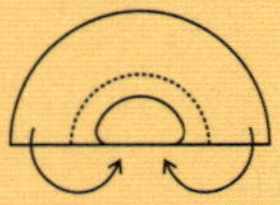

Die Teigränder übereinanderschlagen und …

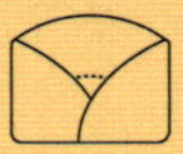

fest andrücken.

Nudeln mit Teigtaschen

Ergibt 16 Stück (für 4 Personen)

—

Zubereitung: 30 Minuten
Garzeit: 30 Minuten

16 gekaufte oder selbst gemachte Teigblätter (Seite 23)
200 g getrocknete Vollkornnudeln
2 große Pak Choi, längs halbiert
4 EL Tomatenketchup
2 TL dunkle Sojasauce
2 TL Sesamöl

Füllung
40 g feine Sojaschnetzel (nicht eingeweicht)
125 ml heißes Wasser
1 Dose Wasserkastanien (227 g), abgetropft und sehr fein gehackt
50 g Schnittlauch, in feinen Röllchen
150 g extrafester Tofu, zerkrümelt
3-cm-Stück Ingwer, sehr fein gehackt
2 Frühlingszwiebeln, sehr fein gehackt
2 EL helle Sojasauce
1 TL Sesamöl
1 TL weißer Zucker
½ TL frisch gemahlener weißer Pfeffer
2 EL Speisestärke

Zu Hause in Singapur waren wir häufig in einem beliebten Wonton-Laden. Meine Schwester Kyra begeisterte sich für die *wonton mee* – ein Gericht, das aus Nudeln und Teigtaschen in einer dickflüssigen Sauce besteht. Ich mochte Wonton lieber als Einlage in einer kräftigen Brühe. Dieses Rezept entspricht eher der Lieblingsversion meiner Schwester. Aber du kannst ja auch mal meine ausprobieren und die Sauce durch heiße Gemüsebrühe ersetzen.

Einen Dämpfkorb mit Backpapier auslegen und auf einen Topf mit kochendem Wasser setzen.

Für die Füllung die Sojaschnetzel in eine hitzebeständige Schüssel geben, mit dem heißen Wasser übergießen und 5 Minuten quellen lassen. Die restlichen Zutaten für die Füllung sorgfältig untermischen.

Je knapp 1 Esslöffel Füllung in die Mitte der Teigblätter geben und wie links beschrieben zu Teigtaschen formen. Die Teigtaschen ggf. portionsweise mit einem Abstand von etwa 3 cm in den Dämpfkorb setzen und in 15 Minuten gar dämpfen.

In der Zwischenzeit die Nudeln nach Packungsanweisung gar kochen. Einen Topf Wasser aufkochen und den Pak Choi darin 1 Minute blanchieren, bis die Blätter zusammenfallen. Abgießen und abtropfen lassen.

Ketchup, Sojasauce und Sesamöl in einer Schüssel verrühren und auf vier tiefe Teller verteilen. Die Nudeln darauf verteilen und sorgfältig in der Sauce schwenken. Bei Bedarf die Sauce mit etwas Nudelkochwasser verdünnen. Je vier Teigtaschen und den Pak Choi darauf anrichten und sofort servieren.

HINWEIS Für die Suppenversion dieses Gerichts die Sauce weglassen und die Nudeln einfach mit 250 ml heißer Gemüsebrühe pro Person übergießen.

Suppe mit Tofu und Pilzen

GF

Für 4 Personen als Beilage

—

Zubereitung: 15 Minuten
Garzeit: 20 Minuten

- 500 ml Gemüsebrühe
- 5 frische Shiitake- oder andere Pilze, halbiert
- ¼ TL Sesamöl
- ¼ TL Salz
- 1 Prise weißer Zucker
- 1 Prise frisch gemahlener weißer Pfeffer
- 2 TL Hefeflocken
- Gelbe Lebensmittelfarbe – optional
- 2 EL Speisestärke
- 75 g extrafester Tofu, gepresst (Seite 25) und geraspelt
- 1 Prise Schwarzsalz
- 1 Frühlingszwiebel, gehackt

Für diese traditionelle, dezent gewürzte chinesische Suppe wird in der Regel verquirltes Ei in die Brühe gerührt, das ich in dieser veganen Variante durch geraspelten Tofu ersetze. Fester Tofu hält seine Form am besten und lässt die Suppe nicht zu klumpig aussehen, weshalb ich vom Seidentofu abrate.

Brühe und Pilze in einen Topf geben und aufkochen. Sesamöl, Salz, Zucker, Pfeffer, Hefeflocken und nach Belieben ein paar Tropfen Lebensmittelfarbe einrühren.

Die Speisestärke mit 2 Esslöffeln Wasser in einer Schale klümpchenfrei anrühren. Unter ständigem Rühren in den Topf gießen und weiterkochen, bis die Suppe etwas eingedickt ist.

Tofu und Schwarzsalz einrühren. Mit den Frühlingszwiebeln garnieren und sofort servieren.

Reis mit Bohnen und Pilzen

Für 2–3 Personen

—

Zubereitung: 20 Minuten
Garzeit: 20 Minuten

200 g Sushireis
¼ TL Salz
1 TL Pflanzenöl
1-cm-Stück Ingwer, fein gehackt
3 Knoblauchzehen, fein gehackt
1 EL schwarze Bohnenpaste
90 g Babymaiskolben, längs halbiert
80 g TK-Edamame
100 g Champignons, in Scheiben geschnitten
60 g kleine Brokkoliröschen
125 ml Gemüsebrühe
1 TL Speisestärke
Frühlingszwiebeln, in Ringe geschnitten, zum Garnieren

Dieses Rezept ist von einem Gericht inspiriert, das meine Schwester und ich immer in einem unserer liebsten Dim-Sum-Restaurants in London bestellt haben. Als es von der Karte genommen wurde, brach mein Herz wie der Karamell auf einer Crème brûlée – aber es weckte meinen Ehrgeiz, es zu Hause nachzukochen. Bei meiner Variante wird das Gemüse mit einem Hauch Knoblauch angebraten und erhält durch den Sushireis, auf dem es angerichtet wird, einen japanischen Touch. Auch schwarze Bohnenpaste spielt hier eine wichtige Rolle. Es gibt sie in verschiedenen Versionen, mit oder ohne Knoblauch, fein püriert oder etwas gröber. Verwende, was immer du findest. Da die Produkte unterschiedlich intensiv sind, gib erst mal nur 1 Esslöffel dazu und probiere, ob noch mehr nötig ist.

Den Reis 5- bis 7-mal gründlich abbrausen und abtropfen lassen, bis das Wasser klar bleibt. Den Reis mit 300 ml Wasser in einen Topf mit dicht schließendem Deckel geben und das Salz hinzufügen. Bei starker Hitze unter ständigem Rühren aufkochen, dann die Hitze auf niedrigste Stufe reduzieren und den Reis zugedeckt 15 Minuten ungestört kochen lassen. Vom Herd nehmen und den Reis 10 Minuten ruhen lassen, ohne den Deckel zu öffnen.

In der Zwischenzeit das Öl in einem Wok oder einer beschichteten Pfanne erhitzen. Ingwer und Knoblauch darin bei mittlerer Hitze 1–2 Minuten anbraten, bis sie zu duften beginnen. Bohnenpaste, Mais, Edamame, Pilze und Brokkoli hinzufügen und unter Rühren anbraten. Mit der Brühe ablöschen und alles zugedeckt etwa 5 Minuten kochen, bis Mais und Brokkoli knackig gar sind.

Die Speisestärke in einer Schale mit 1 Esslöffel Wasser klümpchenfrei verrühren und zum Gemüse geben. Unter ständigem Rühren erhitzen, bis die Sauce eingedickt ist.

Das Gemüse mit dem Reis in Schalen anrichten. Mit Frühlingszwiebeln garnieren und sofort servieren.

„Thunder tea“-Reis

GF

Für 4 Personen

—

Zubereitung: 30 Minuten
Garzeit: 45 Minuten

Reis

300 g brauner Langkornreis
625 ml Gemüsebrühe
2 TL Würzmischung (Seite 22) – optional

Beilagen

70 g ganze Erdnusskerne
1 EL Pflanzenöl
300 g extrafester Tofu, gepresst (Seite 25) und gewürfelt
4 Knoblauchzehen, fein gehackt
2 Pak Choi oder anderes grünes Blattgemüse, gehackt
125 g grüne Bohnen, in kurze Stücke geschnitten
150 g Chinakohl oder Wirsing, in Streifen geschnitten
125 g Möhren, gewürfelt

Grüne Suppe

1 TL Pflanzenöl
40 g Thai- oder normale Basilikumblätter
40 g Minzeblätter
20 g Korianderblätter
50 g Erdnusskerne, zerstoßen
1 EL Sesamsamen
250 ml heiße Gemüsebrühe
3-cm-Stück Ingwer
½ TL Salz

Dieses Hakka-Gericht soll den Körper entgiften, das Verdauungssystem reinigen und das Hautbild verbessern. Ich halte zwar nichts von Detox und Entschlacken, aber das ist auch nicht nötig, um dieses Gericht superlecker zu finden. Die grüne Suppe, vollgepackt mit frischen Kräutern, könnte auch als asiatisches Pesto durchgehen. Man gießt sie über den fluffigen Reis und das Gemüse und mischt alles zusammen. Traditionell wird jedes Gemüse separat gebraten. Um Zeit zu sparen, kannst du aber auch alles zusammen braten – denk nur daran, mit den Möhren und den grünen Bohnen zu beginnen, bevor du das schneller garende Blattgemüse dazugibst.

Den Reis mit Brühe und Würzmischung, falls verwendet, in einem Topf aufkochen. Die Hitze reduzieren und den Reis zugedeckt 30–45 Minuten gar ziehen lassen.

In der Zwischenzeit für die Beilagen die Erdnüsse in einer beschichteten Pfanne bei mittlerer Hitze rösten, bis sie goldgelb sind und duften. Auf einem Teller abkühlen lassen. Etwas Öl in der Pfanne erhitzen und die Tofuwürfel darin leicht knusprig braten. Auf einen zweiten Teller geben. Etwas mehr Öl in der Pfanne erhitzen und ein Viertel des Knoblauchs darin etwa 1 Minute braten, bis er zu duften beginnt. Den Pak Choi hinzufügen und braten, bis die Blätter zusammenfallen, aber noch knackig gar sind. Beiseitestellen. Bohnen, Kohl und Möhren mit dem restlichen Knoblauch in die Pfanne geben und knackig gar braten.

Für die Suppe das Öl in einer großen beschichteten Pfanne erhitzen. Basilikum-, Minze- und Korianderblätter darin bei mittlerer Hitze 2–3 Minuten anbraten, bis sie zusammenfallen. Erdnüsse und Sesam hinzufügen und weiterbraten, um sie leicht zu rösten. Wenn die Erdnüsse zu duften beginnen und die Kräuter vollständig zusammengefallen sind, die Mischung zusammen mit Brühe, Ingwer und Salz im Mixer glatt pürieren.

Zum Servieren etwas Reis auf die Tellermitte geben. Tofu, Pak Choi, Bohnen, Kohl und Möhren ringsum anordnen und zusammen mit einer Schale grüner Suppe und gerösteten Erdnüssen servieren. Vor dem Verzehr die Suppe über den Reis gießen und gut durchmischen.

Jackfruit-Pfannkuchen

Ergibt 12 Stück (für 4–6 Personen als Vorspeise)

—

Zubereitung: 30 Minuten (zzgl. Teigruhe)
Garzeit: 30 Minuten

1 Dose junge grüne Jackfruit (400 g), vorbereitet (Seite 25)
1 TL Sesamöl
3-cm-Stück Ingwer, fein gehackt
2 EL Reiswein, trockener Weißwein oder Apfelsaft
½ TL Fünf-Gewürze-Pulver
1 Prise frisch gemahlener schwarzer Pfeffer
1 EL dunkle Sojasauce
100 g Hoisin-Sauce und feine Möhren- und Gurkenstifte sowie Frühlingszwiebeln, in feinen Streifen, zum Servieren

Pfannkuchen
225 g Weizenmehl, gesiebt
1 Prise Salz
170 ml kochendes Wasser
1 EL Öl, zum Einfetten

Ich erinnere mich an einen Besuch in einem Restaurant in Shanghai, das für seine Peking-Ente berühmt war, und an meine Eltern, die dort geschickt zerkleinertes Fleisch und knusprige Haut auf hauchdünne Pfannkuchen luden. Das Gericht aus Peking hat sich zu einem chinesischen Restaurantklassiker entwickelt. In meiner veganen Variante verwende ich statt Ente grüne Jackfruit, die sich auf die gleiche Weise in feine Stränge zerzupfen lässt und die Aromen der anderen Zutaten wunderbar aufnimmt. Wenn du keine Zeit hast, die Pfannkuchen selbst zu backen, nimm eine Packung Weizenteigblätter aus dem Kühlregal.

Für den Pfannkuchenteig Mehl, Salz und Wasser in einer großen Schüssel in etwa 5 Minuten zu einem glatten, elastischen Teig verarbeiten; wenn der Teig zu klebrig ist, 1 Teelöffel Mehl hinzufügen. Den Teig in Frischhaltefolie einschlagen und etwa 30 Minuten ruhen lassen.

In der Zwischenzeit den Backofen auf 200 °C vorheizen. Die zerkleinerte Jackfruit in eine Kastenform geben. Sesamöl, Ingwer, Wein, Gewürze, Pfeffer und Sojasauce verrühren und über die Jackfruit gießen. Im heißen Ofen 15–20 Minuten garen, bis sie sehr weich ist. (Es kann sein, dass sich noch Flüssigkeit in der Form befindet, was aber nicht schlimm ist.)

Den Teig aus der Folie nehmen, zu einer Rolle formen und in zwölf Portionen teilen. Diese zu Kugeln rollen und mit der Handfläche leicht flach drücken. Sechs Teigscheiben dünn mit Öl bestreichen und mit den anderen Teigscheiben bedecken. Aufrollen und mit dem Nudelholz von beiden Seiten zu einem flachen kreisrunden Pfannkuchen ausrollen.

Eine beschichtete Pfanne bei mittlerer Hitze ohne Fett heiß werden lassen. Die Pfannkuchen darin nacheinander von jeder Seite 2–3 Minuten backen, bis sie aufgegangen und braun gefleckt sind. Fertige Pfannkuchen vorsichtig auftrennen, sodass jeweils zwei Pfannkuchen entstehen, und abgedeckt mit einem sauberen Tuch und mit einem Stück Backpapier getrennt auf einem Teller stapeln.

Die Jackfruit auf eine Servierplatte geben. Etwas Jackfruit auf einen Pfannkuchen geben, mit Hoisin-Sauce beträufeln, mit etwas Möhre, Gurke und Frühlingszwiebeln belegen, aufrollen und genießen.

Supermürbe Erdnussplätzchen

GF

Ergibt 24 Plätzchen

—

Zubereitung: 15 Minuten
Garzeit: 15 Minuten

- 200 g geröstete Erdnusskerne
- 110 g Reismehl
- 80 g Puderzucker
- ½ TL Salz
- 5 EL Erdnussöl
- 2 EL Sojadrink
- 1 TL Agavendicksaft
- 1 Handvoll halbierte Erdnusskerne

Diese Plätzchen sind schnell gemacht – und leider auch schnell weggefuttert. Sie zergehen wirklich auf der Zunge! Deshalb mache ich immer gleich eine große Ladung davon. Wie viel Öl man braucht, hängt von der Qualität des Reismehls und dem Ölgehalt der Erdnüsse ab. Du solltest also nur so viel einarbeiten, dass der Teig zusammenhält, wenn er zwischen den Fingern zerdrückt wird. Ist der Teig zu fetthaltig, wird er nicht schön mürbe.

Den Backofen auf 180 °C vorheizen und ein Backblech mit Backpapier belegen.

Die Erdnüsse im Foodprozessor zerkleinern, bis sie wie Sand aussehen. Nicht zu lange bearbeiten, sonst wird Erdnusscreme daraus! Das lässt sich am besten vermeiden, indem man die Erdnüsse in zwei bis drei Portionen mixt, damit sie gleichmäßiger zerkleinert werden.

Die gemahlenen Erdnüsse in eine Rührschüssel geben. Reismehl, Puderzucker und Salz hineinsieben und gut mischen. Langsam und nach und nach das Öl dazugeben, bis die Zutaten gebunden sind und der Teig zusammenhält, wenn man ihn zwischen den Fingern zerdrückt – es kann sein, dass nicht das ganze Öl benötigt wird. Teelöffelgroße Teigportionen zu Kugeln formen und auf das Backblech setzen.

Sojadrink und Agavendicksaft in einer Schale verrühren und die Plätzchen damit bestreichen. Je eine Erdnusshälfte leicht hineindrücken. Im heißen Ofen in 10–12 Minuten goldbraun backen. Die Plätzchen 5 Minuten auf dem Blech abkühlen lassen, dann auf ein Gitter heben und erkalten lassen.

Mangoflammeri

Für 6 Personen

—

Zubereitung: 15 Minuten
Garzeit: 15 Minuten

2 TL Agar-Agar-Pulver
75 g weißer Zucker
1 Prise Salz
250 ml Kokosmilch
275 g püriertes Mangofruchtfleisch (von etwa 2 Mangos)
1 TL Limettensaft
Chiasamen, Kokoschips und frische Minze, zum Garnieren

Dieses fruchtige Flammeri ist ein beliebtes Dessert in Dim-Sum-Restaurants auf der ganzen Welt und verspricht einen fruchtigen, ultracremigen Genuss mit feiner Säure.

Das Agar-Agar mit 125 ml Wasser in einen Topf geben und unter ständigem Rühren aufkochen. Die Hitze reduzieren und 3 Minuten köcheln lassen.

In der Zwischenzeit Zucker, Salz, Kokosmilch, Mangomark und Limettensaft in einem zweiten Topf zum Kochen bringen.

Die Mangomischung unter Rühren in die Agarmischung gießen und unter Rühren zum Kochen bringen. Die Masse sofort, aber behutsam in sechs Förmchen oder kleine Schalen füllen, damit nicht zu viele Blasen oder Spritzer entstehen.

Abkühlen lassen und vor dem Servieren mindestens 2 Stunden kühl stellen. Mit Chiasamen, Kokoschips und Minze garnieren.

Hongkong-Vanilletörtchen

GF

Glutenfreien Blätterteig verwenden.

Ergibt 12 Stück

—

Zubereitung: 20 Minuten
Garzeit: 15 Minuten

375 g veganer Blätterteig
350 g Seidentofu, abgetropft
125 ml Sojadrink
½ TL Vanilleextrakt
3 EL Vanillepuddingpulver
110 g weißer Zucker
1 Prise Salz

Wenn ich nach einem anstrengenden Schultag völlig k. o. auf meinen Bus wartete, wurde ich immer von dem herrlichen Duft der frisch gebackenen Eiertörtchen aus dem Laden gegenüber zu neuem Leben erweckt, und immer beschäftigte mich die Frage: Würde die Zeit reichen, über die Straße zu rennen und ein Törtchen zu kaufen, bevor der Bus kam? Zartblättriger, buttriger Blätterteig mit einer samtig-cremigen Füllung, gerade so fest, dass sie beim Hineinbeißen nicht tropft … dafür lohnte es sich allemal, ab und zu den Bus zu verpassen!

Den Backofen auf 230 °C vorheizen. Die Vertiefungen einer 12er-Muffinform einfetten oder 12 Einweg-Papierbackförmchen auf ein Backblech stellen.

Den Blätterteig auf der bemehlten Arbeitsfläche zu einem 35 × 23 cm großen Rechteck ausrollen. Die Teigplatte dünn mit Wasser bestreichen. Eine Kurzseite knapp einschlagen, andrücken und die Teigplatte fest aufrollen. Die Teigrolle in 12 Scheiben schneiden. Die Scheiben flach auf die bemehlte Arbeitsfläche legen und zu etwa 5 mm dicken Kreisen ausrollen. Die Vertiefungen der Muffinform oder die Förmchen damit auskleiden und den Teig andrücken. Überstehenden Teig abschneiden.

Für die Füllung Tofu, Sojadrink, Vanilleextrakt, Puddingpulver, Zucker und Salz im Mixer glatt pürieren. In einen Topf füllen und bei mittlerer Hitze aufkochen. Die Hitze reduzieren und etwa 2 Minuten rühren, bis die Creme eindickt.

Die Füllung auf die Teigböden verteilen. Die Törtchen im heißen Ofen 15 Minuten backen, bis der Teig gebräunt und die Creme fest ist, aber noch leicht wackelt. Die Törtchen schmecken am besten am Tag der Zubereitung. Übrig gebliebene Törtchen können ein paar Minuten im warmen Ofen aufgebacken werden.

05

Japan

Meinen ersten Schnee habe ich in Japan erlebt. Er lag überall wie eine glitzernde Decke aus Puderzucker und verwandelte die Asphalt- und Betonwüste Tokios in eine Zauberlandschaft.

Im tiefsten Winter nach Japan zu reisen scheint vielleicht nicht die klügste Entscheidung zu sein, zumal man doch im Frühling unter Wolken von rosa Kirschblüten wandeln könnte? Oder im Herbst, wenn sich die Blätter bunt färben? Ich war dennoch verzaubert. Kälte – wirkliche Eiseskälte – war neu für mich. Der Winter, so befand ich damals, ist die schönste Jahreszeit ... auch wenn mir später klar wurde, dass ich ihn eigentlich überhaupt nicht mag.

Die Japaner sind in allem, was sie tun, akribisch. Von den penibel gestutzten Bonsai-Bäumen bis hin zu kunstvoll arrangierten Sushi-Platten – ihre Liebe zum Detail ist unübertroffen. Nichts ist laut oder großspurig, und so wird man bald von einem fast überwältigenden Gefühl der Ruhe und des Friedens erfüllt. In Japan beherrscht man die komplexe Ästhetik des Schönen im Einfachen, die als *shibui* bezeichnet wird, was so viel wie „schlicht, dezent, zurückhaltend" bedeutet.

Tokio ist unbestreitbar die Welthauptstadt der Spitzengastronomie und hat mehr Michelin-Sterne als jede andere Stadt, sogar mehr als Paris: eine beeindruckende Leistung, sicher, aber vielleicht auch nicht wirklich überraschend in einem Land, das in allem nach Perfektion strebt, und in einem Land, aus dem die Bezeichnung „umami" für die fünfte Geschmackswahrnehmung („herzhaft-intensiv") stammt, ist auch die Straßenküche außergewöhnlich. Die dort angebotenen Nudelsuppen oder Gemüsepfannkuchen wirken erst mal nicht besonders spannend – bis man einen Bissen probiert. Und noch einen. Und noch einen! In Japan steckt *immer* mehr dahinter.

Also, halte die Sojasauce bereit und koche dich durch Japan – andernfalls entgeht dir was! Das Schwierigste ist, sich zu entscheiden, was man zuerst essen soll.

Teriyaki-Tofu

GF *Sojasauce durch Tamari ersetzen.*

Für 4 Personen
—
Zubereitung: 20 Minuten (zzgl. Marinieren)
Garzeit: 30 Minuten

300 g extrafester Tofu, gepresst (Seite 25)
60 ml helle Sojasauce
½ TL gemahlener Ingwer
¼ TL Knoblauchpulver
50 g brauner Zucker
etwa 30 g Speisestärke
Frühlingszwiebeln, in Ringe geschnitten, rote Chilischoten und Sesamsamen, zum Servieren

Als ich jünger war, habe ich überall Teriyaki-Sauce drauf gekippt. Sie war mein Ketchup-Ersatz. Heute ertränke ich mein Essen zwar nicht mehr darin, aber eine Kombi, bei der ich gebleiben bin, ist Teriyaki und knuspriger Tofu. Teriyaki-Sauce ist zwar in jedem gut sortierten Supermarkt zu haben, aber eine selbst gemachte Sauce hat noch mehr Geschmack und ist günstig und einfach herzustellen. Serviere diese Tofuwürfel auf gedämpftem Reis und mit ordentlich viel Sesam bestreut. Dazu passt hervorragend die Aubergine mit karamellisiertem Miso (Seite 206).

Den Tofu in Würfel schneiden. Sojasauce, Ingwer, Knoblauchpulver, Zucker und 250 ml Wasser in einer Schüssel verrühren. Die Tofuwürfel darin wenden und abgedeckt mindestens 1 Stunde im Kühlschrank ziehen lassen.

Den Backofen auf 200 °C vorheizen und ein Backblech mit Backpapier belegen. Den Tofu aus der Marinade nehmen und leicht in der Speisestärke wenden. Auf dem Backblech verteilen und im vorgeheizten Ofen 25 Minuten backen, bis er gebräunt und knusprig ist. Nach der Hälfte der Zeit wenden.

In der Zwischenzeit die restliche Marinade in einen Topf füllen. In einer Schale 1 Esslöffel Speisestärke mit 3 Esslöffeln Wasser klümpchenfrei verrühren. In die Marinade rühren und aufkochen. Die Hitze reduzieren und unter Rühren köcheln lassen, bis die Sauce eindickt.

Die Tofuwürfel mit der Sauce überziehen. Mit Frühlingszwiebeln, Chili und Sesam garniert servieren.

Gebackene Tempura

GF

Glutenfreie Pankobrösel verwenden und Weizen- durch Reismehl ersetzen.

Für 4 Personen als Beilage
—
Zubereitung: 20 Minuten
Garzeit: 15 Minuten

1 Süßkartoffel
1 Aubergine
70 g grüne Bohnen
5 Babymaiskolben
1 TL Pflanzenöl
60 g Pankobrösel
½ TL Salz
150 g Weizenmehl
1 Prise Cayennepfeffer
1 Prise gemahlene Kurkuma
125 ml Sojadrink
2 TL Zitronensaft

Dip
1 TL weißer Zucker
2 EL helle Sojasauce
1 getrockneter Shiitakepilz
½ Nori-Blatt, gehackt
2 EL Mirin

Meine Schwester ist eine Tempura-Vernichtungsmaschine! Sie kann einen ganzen Berg Tempura-Garnelen vertilgen und hat dann noch Platz für Sushi und den obligatorischen Mochi. Ich stehe vor allem auf *kakiage* – Gemüsestifte im Tempuramantel mit Sojasauce beträufelt. Hier ist meine Variante von Gemüse-Tempura, für die ich Pankobrösel verwende – nicht besonders traditionell, aber sie machen den Teigmantel auch ohne Frittieren superknusprig. Wenn die Pankobrösel vorher geröstet werden, kriegen sie auch noch eine schöne goldene Farbe.

Die Süßkartoffel schälen und in 5 mm dicke Spalten schneiden. Die Aubergine in 2 cm dicke Spalten schneiden. Die Bohnen putzen. Die Maiskölbchen längs halbieren.

Das Öl in einer großen beschichteten Pfanne erhitzen und die Pankobrösel darin goldgelb und knusprig braten. In einen tiefen Teller geben und mit der Hälfte des Salzes mischen. Das Mehl mit Cayennepfeffer, Kurkuma und restlichem Salz in einen zweiten tiefen Teller sieben und gut mischen. In einem dritten tiefen Teller Sojadrink und Zitronensaft verrühren und mindestens 5 Minuten stehen lassen.

Den Ofen auf 230 °C vorheizen und ein großes Backblech mit Backpapier belegen.

Die Gemüsestücke erst in der Mehlmischung wenden und abklopfen. In die Sojadrinkmischung tauchen. Zum Schluss gut in den Pankobröseln wenden und auf das Backblech verteilen.

Die Gemüsestücke im heißen Ofen in etwa 15 Minuten knusprig backen.

In der Zwischenzeit für den Dip alle Zutaten außer dem Mirin mit 125 ml Wasser in einen kleinen Topf geben und aufkochen. Durch ein Sieb in eine Schale gießen. Nori und Shiitakepilz entsorgen. Den Mirin in die Sauce rühren.

Das Tempura-Gemüse mit dem Dip servieren, solange es noch knusprig ist.

Japanisches Curry

GF *Sojasauce durch Tamari und Weizen- durch Reismehl ersetzen.*

Für 4 Personen

—

Zubereitung: 25 Minuten
Garzeit: 25 Minuten

3 EL Weizenmehl
1 EL Pflanzenöl
1 weiße Zwiebel, fein gewürfelt
1 Knoblauchzehe, fein gehackt
2 große Möhren, geschält und gewürfelt
1 große Kartoffel, geschält und gewürfelt
2 EL Tomatenketchup
2 EL japanisches Currypulver (siehe unten)
625 ml Gemüsebrühe
1 EL Zucker
2–3 TL helle Sojasauce
1 Fuji-Apfel, geraspelt
80 g Edamame
Frühlingszwiebeln und Sesam, zum Garnieren
Gekochter Rundkornreis, zum Servieren

Japanisches Currypulver
2 EL gemahlene Kurkuma
1 EL gemahlener Koriander
1 TL gemahlener Kreuzkümmel
½ TL gemahlener Kardamom
½ TL gemahlener Zimt
½ TL gemahlener Ingwer
¼ TL Cayennepfeffer
¼ TL gemahlene Gewürznelken
¼ TL gemahlene Muskatnuss
¼ TL Fünf-Gewürze-Pulver
¼ TL schwarzer Pfeffer

Japanische Currys sind süßer und milder als indische. Traditionell wird die Sauce mit einer speziellen Gewürzmischung zubereitet und mit einer Mehlschwitze gebunden. Bei dieser Version lasse ich die Mehlschwitze weg, aber das Ergebnis ist sehr ähnlich. Außerdem findest du hier auch ein Rezept für ein selbst gemachtes Currypulver. Wenn du japanisches Currypulver „Oriental" findest, kannst du auch das nehmen oder Garam Masala mit einer großzügigen Prise gemahlener Kurkuma. Von indischen Currymischungen rate ich ab, sie sind zu kräftig und scharf.

Den Ofen auf 200 °C vorheizen. Das Mehl auf ein Backblech sieben und im heißen Ofen etwa 20 Minuten rösten, bis es braun ist. Dabei alle 5 Minuten durchmischen. Abkühlen lassen.

Für das Currypulver alle Zutaten in einer Schale mischen (ergibt mehr, als für dieses Rezept benötigt; der Rest kann in ein dicht schließendes Gewürzglas gefüllt werden und hält sich mehrere Monate).

Das Öl in einem großen Topf erhitzen. Zwiebeln und Knoblauch darin bei mittlerer Hitze in 4–5 Minuten weich und glasig braten. Möhren, Kartoffeln, Ketchup und 2 Esslöffel Currypulver dazugeben und 5 Minuten unter Rühren braten. Mit der Brühe ablöschen und alles etwa 10 Minuten köcheln lassen, bis sich das Gemüse mit einer Gabel einstechen lässt. Zucker, Sojasauce, Apfel und Edamame untermischen und weitere 2 Minuten köcheln lassen.

Ein oder zwei Schöpfkellen Garflüssigkeit mit dem gerösteten Mehl in einen Mixer geben und pürieren, bis eine klümpchenfreie, homogene Sauce entstanden ist. Die Sauce in den Topf gießen und das Curry 5–10 Minuten unter häufigem Rühren köcheln lassen, bis es leicht eingedickt ist.

Das Curry mit Reis anrichten. Mit Frühlingszwiebeln und Sesam garnieren.

Omu-Reis

GF *Sojasauce durch Tamari ersetzen.*

Für 2 Personen

—

Zubereitung: 20 Minuten
Garzeit: 25 Minuten

1 EL Pflanzenöl
2 Knoblauchzehen, fein gehackt
140 g TK-Mischgemüse (Mais, Erbsen und Möhren)
280 g gegarter Rundkornreis, abgekühlt
2 EL Tomatenketchup
1 TL helle Sojasauce
20 g feine Sojaschnetzel, vorbereitet (Seite 25)
½ TL Salz
1 Prise schwarzer Pfeffer
1 TL Würzmischung (Seite 22) oder Hefeflocken
1 Frühlingszwiebel, in Ringe geschnitten
Schwarzsalz, Ketchup und vegane Mayonnaise, zum Servieren
Baby-Roma-Tomaten, halbiert, und Koriandergrün, zum Garnieren

Omelett

170 g Seidentofu
60 ml Sojadrink
30 g Kichererbsenmehl
¼ TL Salz
1 Prise gemahlene Kurkuma
1 TL Speisestärke
1 Prise Backpulver

Diese japanische Version von gebratenem Reis wird mit einem leckeren veganen Omelett serviert und ist ideal, um Reisreste zu verwerten. Das Gericht kommt auch bei Kindern immer gut an, besonders wenn man es mit lustigen Streifen aus Ketchup und veganer Mayo „rot-weiß" serviert.

Das Öl in einem großen Wok oder einer beschichteten Pfanne erhitzen. Den Knoblauch darin bei mittlerer Hitze 1 Minute braten, bis er zu duften beginnt. Das Gemüse hinzufügen. Mit 60 ml Wasser aufgießen und zugedeckt dünsten, bis das Gemüse weich ist.

Den Reis zufügen und etwa 1 Minute braten. Dabei rühren und größere Reisklumpen aufbrechen. Ketchup und Sojasauce hinzufügen und 3–4 Minuten unter Rühren garen. Die abgetropften Sojaschnetzel mit Salz, Pfeffer und Würzmischung oder Hefeflocken sorgfältig unterrühren und weitere 2–3 Minuten braten. Vom Herd nehmen und mit den Frühlingszwiebeln bestreuen. Den Deckel aufsetzen, um den Reis warm zu halten, während das Omelett zubereitet wird.

Für das Omelett alle Zutaten zu einer glatten, klümpchenfreien Masse mixen. Eine kleine beschichtete Pfanne bei mittlerer Hitze heiß werden lassen. Die Hälfte der Masse in die Pfanne füllen, sodass der Pfannenboden bedeckt ist. Abgedeckt 3–5 Minuten stocken lassen, bis die Unterseite fest und goldgelb ist. Wenden und von der anderen Seite 2–3 Minuten backen. Mit der restlichen Masse ebenso verfahren und ein zweites Omelett backen.

Den gebratenen Reis auf Tellern anrichten und je ein Omelett daraufgeben. Mit Schwarzsalz bestreuen und mit Ketchup und veganer Mayonnaise beträufeln. Mit Tomatenhälften und Koriandergrün garnieren.

HINWEIS Statt mit Ketchup kann das Gericht auch mit Okonomiyaki-Sauce (Seite 205) garniert werden.

Sommerliches Chawanmushi

GF

Sojasauce durch Tamari ersetzen.

Für 2 Personen

—

Zubereitung: 10 Minuten
Garzeit: 15 Minuten

2 Champignons, in feine Scheiben geschnitten
½ kleine Möhre, in feine Scheiben geschnitten
375 ml Sojadrink
1 TL Mirin
½ TL helle Sojasauce
1 TL Hefeflocken
½ TL Schwarzsalz
½ TL weißer Zucker
¼ TL Agar-Agar-Pulver
40 g gekochte Reisvermicelli
1 Frühlingszwiebel, in Ringe geschnitten

Dieser herzhafte Flan mit Pilzen, Möhren und Reisvermicelli wird normalerweise in kleinen Tassen gedämpft und heiß oder kalt serviert. Hier kommt meine vegane Version eines gekühlten *chawanmushi*, wie es normalerweise im Sommer serviert wird, wenn es auch in Japan ganz schön heiß werden kann. Bei einem mehrgängigen Menü ist dieses *chawanmushi* super als Zwischengang/Gaumenreiniger geeignet.

Einen kleinen Topf Wasser aufkochen. Pilze und Möhren darin in 3–4 Minuten knackig gar kochen. Abgießen und beiseitestellen.

Den Topf ausspülen. Sojadrink, Mirin, Sojasauce, Hefeflocken, Salz und Zucker darin verrühren. Das Agar-Agar unterrühren, bis es sich vollständig aufgelöst hat. Den Topf bei mittlerer Hitze auf den Herd stellen und die Mischung unter ständigem Rühren aufkochen, dann weitere 3 Minuten köcheln lassen. Den Topf vom Herd nehmen.

Die Nudeln auf zwei japanische Teetassen oder Auflaufförmchen verteilen. Je die Hälfte der Frühlingszwiebeln und der Pilz-Möhren-Mischung daraufgeben. Je die Hälfte der heißen Flüssigkeit langsam einfüllen, um Luftblasen oder Spritzer zu vermeiden.

Abkühlen lassen, dann 1–2 Stunden im Kühlschrank fest werden lassen.

Kürbis-Katsu-don

GF

Glutenfreie Pankobrösel verwenden. Weizen- durch Reismehl und Sojasauce durch Tamari ersetzen.

Für 2 Personen

—

Zubereitung: 30 Minuten
Garzeit: 50 Minuten

150 g Kürbis, gewürfelt
1 kleine Schalotte, fein gewürfelt
¼ TL Salz
1 Prise frisch gemahlener weißer Pfeffer
1 EL Weizenmehl
¼ TL weißer Zucker
40 g gegarte Zuckermaiskörner
Gegarter Rundkornreis, zum Servieren
Frühlingszwiebeln, in Ringe geschnitten, zum Garnieren

Zwiebel-Dashi-Brühe
250 ml selbst zubereitete Dashi (Seite 21) oder Gemüsebrühe
2 EL helle Sojasauce
2 TL Zucker
2 EL Mirin
½ weiße Zwiebel, in feine Streifen geschnitten

Panade
30 g Pankobrösel
Salz
2 EL Weizenmehl
1 Prise gemahlene Kurkuma
Pfeffer
60 ml Sojadrink
1 TL Apfelessig

Ein „Kürbisschnitzel" in einer knusprigen, goldbraunen Panade auf einem Reisbett mit süß-salziger zwiebeliger Brühe ... Das klingt sehr rustikal und ziemlich ungewöhnlich, aber dieses *katsu-don* ist eine wahre Geschmacks- und Aromabombe. Wenn du daraus eine richtig sättigende Mahlzeit machen willst, serviere es mit rührgebratenem Tofu.

Die Kürbiswürfel in etwa 20 Minuten sehr weich dämpfen. In eine große hitzebeständige Schüssel geben und zu einem glatten Püree zerdrücken. Schalotte, Salz, Pfeffer, Mehl, Zucker und Mais sorgfältig unterrühren. Die Kürbismasse zu zwei ovalen „Schnitzeln" formen, auf einen mit Backpapier belegten Teller legen und 10–20 Minuten im Gefrierfach fest werden lassen.

Für die Zwiebel-Dashi-Brühe die Dashi in einem Topf aufkochen. Sojasauce, Zucker, Mirin und Zwiebeln hinzufügen. Die Hitze reduzieren und die Brühe zugedeckt 7–10 Minuten köcheln lassen, bis die Zwiebeln weich sind.

Den Backofen auf 230 °C vorheizen und ein Backblech mit Backpapier belegen.

Für die Panade die Pankobrösel in einer beschichteten Pfanne ohne Fett goldbraun rösten. In einen tiefen Teller füllen und mit 1 Prise Salz mischen. Mehl, Kurkuma und je 1 Prise Salz und Pfeffer in einem zweiten tiefen Teller mischen. In einem dritten tiefen Teller Sojadrink und Essig verquirlen und 5 Minuten stehen lassen.

Die angefrorenen Kürbisschnitzel zuerst in der Mehlmischung wenden, dann in die Sojadrinkmischung tauchen und schließlich in den Pankobröseln wenden, bis sie vollständig eingehüllt sind. Auf das Backblech legen und im heißen Ofen 15 Minuten goldbraun backen.

Zum Servieren den Reis in Schalen anrichten. Die Zwiebel-Dashi-Brühe darübergießen und die Kürbisschnitzel darauf anrichten. Mit Frühlingszwiebeln garnieren – und genießen, solange die Schnitzel noch heiß und knusprig sind.

Ramen-Bowl mit Shiitakepilzen

GF *Glutenfreies Miso verwenden. Sojasauce durch Tamari und Weizennudeln durch Buchweizen- oder Reisnudeln ersetzen. Prüfen, ob auch der Flüssigrauch glutenfrei ist (alternativ geräuchertes Paprikapulver verwenden).*

Für 2 Personen

—

Zubereitung: 30 Minuten
Garzeit: 40 Minuten

100 g getrocknete Vollkornnudeln
1 TL Pflanzenöl
1-cm-Stück Ingwer, fein gehackt
1 Frühlingszwiebel, in Ringe geschnitten
100 g frische Shiitakepilze, in Scheiben geschnitten
2 TL helle Sojasauce
1 TL Reisessig
1 TL Ahornsirup
¼ TL Flüssigrauch oder geräuchertes Paprikapulver

Brühe

1 TL Pflanzenöl
2 Knoblauchzehen, gehackt
3-cm-Stück Ingwer, gehackt
2 Schalotten, fein gehackt
1 Frühlingszwiebel, in Ringe geschnitten
1 EL Sesamsamen
1 EL Miso
3 EL heißes Wasser
1 Portion selbst zubereitete Dashi (Seite 20)
½ TL Sriracha-Sauce
2 TL Hefeflocken
¼ TL Salz
1 Prise frisch gemahlener weißer Pfeffer
½ TL Sesamöl
250 ml Sojadrink

Einlagen

Frühlingszwiebeln
Nori-Algen
Schwarze und weiße Sesamsamen
Baby-Roma-Tomaten
Edamame und Gemüsemais, gegart

Ramen-Suppen werden eigentlich mit einer kräftigen *Tonkotsu*-Brühe zubereitet, die über Stunden, oft 12 Stunden oder länger, vor sich hin köchelt. Das Ergebnis ist eine fast gelartige Flüssigkeit, die nur so strotzt vor Umami-Noten. Irgendwann hatte ich als Veganerin auch mal wieder Lust auf eine anständige Ramen-Suppe und beschloss zu experimentieren. Diese pflanzliche Version hat eine viel kürzere Zubereitungszeit, denn wenn die Brühe erst mal fertig ist, geht alles ganz fix. Als Suppeneinlagen kannst du verwenden, wonach immer dir ist.

Für die Brühe das Öl in einem großen Topf erhitzen. Knoblauch, Ingwer und Schalotten darin etwa 4 Minuten braten, bis die Schalotten glasig sind. Frühlingszwiebel und Sesam unterrühren und 1 weitere Minute braten. Das Miso in einer Schale mit dem heißen Wasser glatt verrühren. Zusammen mit der Dashi in den Topf geben und aufkochen. Die Mischung langsam in einen Mixer füllen. Sriracha-Sauce, Hefeflocken, Salz, Pfeffer und Sesamöl hinzufügen und alles glatt mixen. Die Brühe zurück in den Topf gießen und zugedeckt warm halten.

Die Nudeln nach Packungsanweisung gar kochen. In der Zwischenzeit das Öl in einer beschichteten Pfanne erhitzen. Ingwer und Frühlingszwiebel darin bei mittlerer Hitze etwa 2 Minuten unter ständigem Rühren braten, bis der Ingwer zu duften beginnt. Die Pilze hinzufügen und etwa 3 Minuten braten, bis sie anfangen zu schrumpfen. Sojasauce, Essig, Ahornsirup und Flüssigrauch dazugeben und etwa 5–7 Minuten köcheln lassen, bis die Pilze weich und karamellisiert sind.

Kurz vor dem Servieren die Brühe noch einmal aufkochen. Den Sojadrink in einem zweiten Topf (oder in der Mikrowelle) aufkochen, in die Brühe gießen und gut umrühren. (Das vorherige Erhitzen des Sojadrinks verhindert, dass er gerinnt, wenn er in die heiße Brühe gegeben wird.)

Zum Servieren Nudeln und Pilzmischung auf zwei Suppenschalen verteilen und etwas Brühe angießen. Die ausgewählten Einlagen hinzufügen und sofort servieren.

Nigiri-Sushi

GF

Ergibt 8 Stück

—

Zubereitung: 20 Minuten (zzgl. Marinieren bei den Paprika- und Tofu-Belägen)
Garzeit: 40 Minuten

100 g Sushireis
¼ TL Salz
2 TL Reis- oder Apfelessig
1 TL weißer Zucker
Sushibeläge (siehe nächste Doppelseite)
2 Nori-Blätter
Gurkenscheiben und halbierte Kirschtomaten, zum Garnieren

Bei den folgenden Rezepten handelt es sich um beliebig kombinierbare Sushi-Varianten. Die Zutaten reichen jeweils für 8 Nigiri-Sushi aus. Wenn du Sushi für mehrere Personen machen willst, bereite die vierfache Menge Reis zu und verwende von jedem Belag eine Portion, sodass du 32 Sushi erhältst.

Den Reis 5- bis 7-mal gründlich abbrausen und abtropfen lassen, bis das Wasser klar bleibt. Den Reis mit 170 ml Wasser in einen Kochtopf mit dicht schließendem Deckel geben und das Salz hinzufügen. Bei starker Hitze unter ständigem Rühren aufkochen. Die Hitze auf niedrigste Stufe reduzieren und den Reis zugedeckt 15 Minuten ungestört ziehen lassen. Vom Herd nehmen und den Reis 10 Minuten stehen lassen, ohne den Deckel zu öffnen.

In der Zwischenzeit Essig und Zucker verrühren, bis sich der Zucker aufgelöst hat.

Den Reis mit einem großen Kochlöffel oder Pfannenwender auflockern. Mit einem Fächer aus Papier oder einem aufgeschlagenen Buch fächeln, damit er schneller abkühlt. Dabei nach und nach die Essigmischung unterziehen. Nicht rühren, sonst wird der Reis zerdrückt.

Den abgekühlten Reis in acht Portionen teilen und zu etwa 5 cm langen Ovalen formen. Mit einem Belag nach Wahl belegen, mit Nori umwickeln und mit Gurke und Tomate garniert servieren.

Sushibelag aus roter Paprika

GF

Prüfen, ob der Flüssigrauch glutenfrei ist (alternativ geräuchertes Paprikapulver verwenden).

Für 8 Sushi

—

1 rote Paprikaschote
1 TL Flüssigrauch oder ½ TL geräuchertes Paprikapulver
½ TL Apfelessig
1 EL Pflanzenöl
¼ TL Salz

Die Paprikaschote mit der Spitze eines kleinen Messers einstechen, dann 15–20 Minuten grillen, bis die Haut dunkel wird und Blasen wirft, dabei alle 5 Minuten wenden. Flüssigrauch, Essig, Öl und Salz mit einer Gabel in einer Schüssel verquirlen.

Die Paprika etwa 1 Minute in eine Schüssel mit kaltem Wasser legen, damit sich die Haut besser abziehen lässt.

Die Paprika häuten und längs halbieren. Stiel und Kerne herauslösen. Jede Paprikahälfte längs in vier Streifen schneiden.

Die Paprikastreifen in die Flüssigrauch-Mischung geben und mindestens 30 Minuten im Kühlschrank marinieren – sie schmecken umso besser, je länger sie marinieren!

Die Reisstücke mit je 1 Paprikastreifen belegen. Je 1 Nori-Streifen darumlegen. Dabei das Streifenende mit Wasser anfeuchten, damit es haften bleibt.

Sushibelag aus Tofu

Für 8 Sushi

—

150 g extrafester Tofu, gepresst (Seite 25)
60 ml Pflanzendrink
¼ TL gemahlene Kurkuma
1 TL Hefeflocken
1 Prise Schwarzsalz

Den Tofu längs in vier lange Streifen schneiden, dann die Streifen quer halbieren, sodass insgesamt acht kürzere Rechtecke entstehen. Pflanzendrink, Kurkuma, Hefeflocken und Salz in einer breiten, flachen Schüssel verrühren. Die Tofustreifen in einer einzigen Schicht hineinlegen und 20 Minuten im Kühlschrank marinieren. Dabei die Streifen nach der Hälfte der Zeit wenden.

Die Reisstücke mit je 1 Tofustreifen belegen. Je 1 Nori-Streifen darumlegen. Dabei das Streifenende mit Wasser anfeuchten, damit es haften bleibt.

Sushibelag aus Edamame

Für 8 Sushi

—

80 g TK-Edamame
½ TL Zitronensaft
1 Prise Salz
Weiße Sesamsamen, zum Bestreuen

Die Edamame in einem kleinen Topf Wasser gar kochen. Das Wasser abgießen. Die Edamame mit Zitronensaft und Salz mischen. Das Nori-Blatt an den Einkerbungen in breite Streifen schneiden. Die Streifen locker um die Reisstücke schlagen. Die Streifenenden mit etwas Wasser befeuchten und verschließen. Etwas Edamame in die kleine Tasche zwischen Nori und Reis füllen und mit Sesam bestreuen.

Sushibelag aus Auberginen

GF *Sojasauce durch Tamari ersetzen.*

Für 8 Sushi

—

1 kleine Aubergine
2 EL helle Sojasauce
2 EL Mirin
1 EL Weißzucker
1 EL trockener Weißwein

Die Aubergine mit einem kleinen spitzen Messer rundherum einstechen, dann 15–20 Minuten grillen, bis die Haut geschwärzt ist und Blasen wirft, dabei alle 5 Minuten wenden.

In der Zwischenzeit Sojasauce, Mirin, Zucker und Wein in einen kleinen Topf geben und etwa 5 Minuten zugedeckt köcheln lassen, bis die Mischung sirupartig eingedickt ist. Beiseitestellen.

Den Ofen auf 180 °C vorheizen und ein Backblech leicht einfetten.

Die Aubergine etwa 1 Minute in eine Schüssel mit kaltem Wasser legen, damit sich die Haut besser abziehen lässt.

Die Aubergine häuten. Den Stielansatz abschneiden, dabei vorsichtig arbeiten, damit das Fruchtfleisch nicht zerdrückt wird. Die Aubergine längs in acht Rechtecke schneiden, die etwa so groß sind wie die Reisstücke.

Die Auberginenstücke auf das Backblech legen. Mit einem Drittel der Glasur bestreichen und 3 Minuten backen. Mit einem weiteren Drittel der Glasur bestreichen und weitere 3 Minuten garen. Den Vorgang noch einmal wiederholen, sodass die Aubergine insgesamt 9 Minuten gebacken wird.

Die Reisstücke mit je 1 Auberginenstreifen belegen. Je 1 Nori-Streifen darumlegen. Dabei das Streifenende mit Wasser anfeuchten, damit es haften bleibt.

$10.00

HOUSE
SLIPPERS
2328
CTIBLES
小店屋
專做傳統
娘惹珠鞋

Onigiri

GF *Sojasauce durch Tamari ersetzen.*

Ergibt 3 Stück (für 1 Person als Hauptgericht oder für 3 Personen als Beilage)

—

Zubereitung: 20 Minuten
Garzeit: 25 Minuten

100 g Sushireis
1 Prise Salz
2 TL weiße Sesamsamen
2 TL schwarze Sesamsamen
1 Nori-Blatt

Füllung
1 TL Pflanzenöl
1 Knoblauchzehe, fein gehackt
60 g frische Shiitakepilze, in Scheiben geschnitten
40 g TK-Edamame
1 EL helle Sojasauce
1 TL Agavendicksaft
1 TL Yuzu- oder Orangensaft
1 TL Speisestärke

Diese gefüllten Reispyramiden sind perfekt für ein Lunchpaket. Meine vegane Variante ist mit herzhaft-würzigen Pilzen gefüllt. Wenn die Onigiri nicht sofort serviert werden, die Nori-Streifen erst kurz vor dem Essen darumwickeln, weil sie sonst Feuchtigkeit ziehen und ledrig werden.

Den Reis 5- bis 7-mal gründlich abbrausen und abtropfen lassen, bis das Wasser klar bleibt. Mit 170 ml Wasser in einen Topf mit dicht schließendem Deckel geben und das Salz hinzufügen. Bei starker Hitze unter ständigem Rühren aufkochen, dann die Hitze auf niedrigste Stufe reduzieren und den Reis zugedeckt 15 Minuten ungestört ziehen lassen. Vom Herd nehmen und den Reis 10 Minuten ruhen lassen, ohne den Deckel abzuheben.

Den Reis mit einem großen Kochlöffel oder Pfannenwender auflockern. Mit einem Fächer aus Papier oder einem aufgeschlagenen Buch fächeln, damit er schneller abkühlt. Dabei nach und nach den Sesam unterziehen. Nicht rühren, sonst wird der Reis zerdrückt.

Für die Füllung das Öl in einer beschichteten Pfanne erhitzen. Den Knoblauch darin bei mittlerer Hitze 1 Minute braten, bis er zu duften beginnt. Die Pilze hinzufügen und ohne Rühren braten, bis sie auf etwa ein Drittel ihrer ursprünglichen Größe geschrumpft sind. Edamame, Sojasauce, Agavendicksaft und Yuzu- oder Orangensaft untermischen. Die Speisestärke in einer Schale mit 1 Esslöffel Wasser klümpchenfrei verrühren und rasch unter das Gemüse rühren. Unter ständigem Rühren kochen, bis die Sauce eingedickt ist. Abkühlen lassen.

Ein Stück Frischhaltefolie abtrennen und auf die flache Hand legen. Etwa ein Sechstel des Reises daraufgeben und zu einem Kreis flach drücken. Den Handteller krümmen, sodass die Reisscheibe eine schalenartige Form erhält. Etwa ein Drittel der Füllung hineingeben. Mit einem weiteren Sechstel des Reises bedecken, die Frischhaltefolie über dem Reis zusammenfassen und die Reiskugel zu einer Pyramide formen. Den Vorgang wiederholen und so zwei weitere Onigiri formen.

Das Nori-Blatt in Streifen schneiden und um die Basis der Onigiri schlagen, damit sie besser gehalten werden können, ohne dass der Reis an den Fingern klebt.

Okonomiyaki

Für 2 Personen

—

Zubereitung: 20 Minuten
Garzeit: 20 Minuten

100 g Weizenmehl
30 g Kichererbsenmehl
1 EL Hefeflocken
½ TL Backpulver
¼ TL Schwarzsalz
250 ml Gemüsebrühe
120 g Chinakohl, Wirsing oder Grünkohl, Mittelrippen entfernt, in Streifen geschnitten
50 g Möhren, geraspelt
2 Frühlingszwiebeln, gehackt
Vegane Mayonnaise, Sesam, Nori in feinen Streifen und Frühlingszwiebeln in Ringen, zum Garnieren
Öl, zum Einfetten
Eingelegter Ingwer, zum Servieren

Okonomiyaki-Sauce

2 EL Tomatenketchup
1 EL Barbecuesauce
1 TL helle Sojasauce

***Okonomiyaki* bedeutet so viel wie „was du willst", und genau das ist die Devise für diesen herzhaften Pfannkuchen. Beim Gemüse kannst du so ziemlich alles verwenden, worauf du Lust hast. Meine Lieblingskombi ist Chinakohl, Möhren für eine dezente Süße und Frühlingszwiebeln, um das Ganze aufzupeppen. Achte darauf, den Teig nicht zu lange zu bearbeiten, weil der Pfannkuchen sonst nicht so fluffig wird. Einfach umrühren, bis das Gemüse mit Teig überzogen ist, und ab damit in die heiße Pfanne. Das *okonomiyaki* sollte in der Mitte noch leicht cremig sein, also nicht zu lange in der Pfanne lassen.**

Für die Okonomiyaki-Sauce alle Zutaten in einer Schale verrühren und bis zur Verwendung im Kühlschrank aufbewahren – wo sie sich übrigens bis zu 1 Monat hält.

Beide Mehle, Hefeflocken, Backpulver und Salz in eine große Schüssel sieben. Die Brühe dazugießen und rühren, bis die Zutaten gebunden sind. Das Gemüse unterziehen, bis alles gut vermischt ist, aber dabei den Teig nicht zu lange bearbeiten.

Eine beschichtete Pfanne erhitzen und mit Öl einfetten. Die Hälfte des Teigs einfüllen und 6–10 Minuten backen, wenden und weitere 4–7 Minuten backen. Der fertige Pfannkuchen sollte auf beiden Seiten goldbraun, in der Mitte aber noch leicht cremig sein. Mit dem restlichen Teig einen zweiten Pfannkuchen zubereiten.

Jedes *okonomiyaki* mit Sauce bestreichen, dann mit veganer Mayo beträufeln und mit einer guten Handvoll Sesam, Nori und Frühlingszwiebeln garnieren. Warm mit eingelegtem Ingwer als Beilage servieren.

Miso-Karamell-Auberginen

GF *Glutenfreies Miso verwenden.*

Für 4 Personen, für 6 Personen als Beilage

—

Zubereitung: 15 Minuten (zzgl. Marinieren)
Garzeit: 40 Minuten

4 schlanke Auberginen
70 g Miso
2 TL Sesamöl
60 ml Ahornsirup
60 ml warmes Wasser
1-cm-Stück Ingwer, fein gehackt
½ TL Knoblauchpulver
1 EL schwarze Sesamsamen
1 EL weiße Sesamsamen
Frühlingszwiebeln, in Ringen, und rote Chilischoten, in Streifen, zum Garnieren

Die Aubergine ist eine kleine Diva, die wahlweise auch bitter oder fade schmecken kann. Richtig zubereitet ist sie aber ein fantastisches Gemüse, das Aromen aufsaugt wie ein Schwamm. Dieses Gericht ist Teil meiner „So lecker kann Aubergine schmecken"-Dauerwerbekampagne, denn *nasu dengaku* ist so toll, dass ich damit auch Auberginenskeptiker überzeugen kann! Unter der knusprigen, karamellisierten Sesamkruste verbirgt sich nämlich butterzartes, fein gewürztes Auberginenfleisch ...

Die Auberginen längs halbieren und die Schnittflächen rautenförmig einschneiden, dabei die Schale nicht verletzen.

Miso, Sesamöl, Ahornsirup, Wasser, Ingwer und Knoblauchpulver in einer Schale zu einer Marinade verrühren und in eine flache Auflaufform füllen. Die Auberginen mit der Schnittseite nach unten hineinlegen und 1–2 Stunden marinieren.

Den Backofen auf 200 °C vorheizen. Die Auflaufform mit Alufolie abdecken und die Auberginen 30–35 Minuten backen, bis sie sehr weich sind. Aus dem Ofen nehmen, die Folie entfernen, die Auberginen wenden und mit dem Bratensaft aus der Form beträufeln. Mit einer großzügigen Schicht Sesam bestreuen, dann weitere 5 Minuten zugedeckt im Ofen garen, bis der Sesam leicht gebräunt und knusprig ist.

Mit Frühlingszwiebeln und Chili garniert servieren. Der restliche Bratensaft kann in eine Schale gefüllt und separat zu den Auberginen gereicht werden.

Yakisoba

GF *Sojasauce durch Tamari ersetzen und glutenfreie Hoisin-Sauce verwenden. Darauf achten, dass die Soba-Nudeln zu 100 % aus Buchweizen bestehen, da viele Produkte auch Weizen enthalten; Naturkost- und Bioläden haben oft mehrere Produkte zur Auswahl.*

Für 4 Personen

—

Zubereitung: 20 Minuten
Garzeit: 20 Minuten

200 g getrocknete Soba-Nudeln
1 EL Pflanzenöl
2 Knoblauchzehen, fein gehackt
1 Frühlingszwiebel, in Ringe geschnitten
1 Möhre, in Scheiben
60 g Brokkoliröschen
100 g Champignons, in Scheiben geschnitten
80 g TK-Edamame
Schwarze und weiße Sesamsamen, zum Servieren

Yakisoba-Sauce
2 TL helle Sojasauce
2 TL Hoisin-Sauce
½ TL Zitronensaft
½ TL Sriracha-Sauce
1 TL Tomatenketchup

Für ein traditionelles *yakisoba* (wörtlich: gebratener Buchweizen) werden seltsamerweise Nudeln verwendet, die eher an Ramen- als an Soba-Nudeln erinnern. Da ich das erdige Aroma von Buchweizen aber supergern mag, verwende ich in meiner Version Soba-Nudeln. Vielleicht wunderst du dich auch, warum ich hier Hoisin-Sauce verwende, die doch eher nach China gehört. Ganz einfach, weil sie für das rauchige Aroma sorgt, das für ein gutes *yakisoba* charakteristisch ist.

Für die Sauce alle Zutaten in einer Schale glatt verrühren.

Die Soba-Nudeln nach Packungsanweisung gar kochen. Die Nudeln abgießen und in einer Schüssel mit kaltem Wasser abschrecken.

Das Öl in einer großen beschichteten Pfanne oder einem Wok erhitzen. Knoblauch und Frühlingszwiebeln darin bei mittlerer Hitze braten, bis sie zu duften beginnen. Möhren und Brokkoli sowie 60 ml Wasser hinzufügen. Zugedeckt 4–5 Minuten dünsten, bis das Gemüse knackig gar ist. Pilze und Edamame untermischen und weitere 2 Minuten garen, bis die Pilze weich werden.

Die Nudeln abtropfen lassen und zum Gemüse geben. Mit der Sauce überziehen. Alles sorgfältig vermengen und 1–2 Minuten garen, bis die Nudeln heiß sind. Mit Sesam bestreuen und sofort servieren.

Scharfe „Thunfisch“-Tütchen

GF

Sojasauce durch Tamari ersetzen.

Ergibt 8 Stück (für 2 Personen als Hauptgericht)

—

Zubereitung: 25 Minuten (zzgl. Marinieren)
Garzeit: 20 Minuten

4 Tomaten
Eiswürfel
140 g Sushireis
¼ TL Salz
2 TL Reis- oder Apfelessig
1 TL weißer Zucker
4 Nori-Blätter, halbiert
½ kleine Salatgurke, in feine Streifen geschnitten
Schwarze und weiße Sesamsamen, zum Servieren

Marinade
2 TL helle Sojasauce
1–2 EL Sriracha-Sauce (je nachdem, wie scharf du es magst)
2 TL vegane Mayonnaise
1 TL Sesamöl
2 TL geröstete Sesamsamen
2 Frühlingszwiebeln, gehackt
¼ TL Salz

Sushi-Kenner lassen sich zwar nicht von der Tomate als Thunfisch-Ersatz hinters Licht führen. Aber durch das Blanchieren erhalten die roten Früchtchen eine andere Textur und durch die Marinade ein angenehm mild-würziges Aroma. Das Ergebnis ist eine frische vegane Variante der klassischen Thunfisch-*temaki*.

Einen großen Topf Wasser aufkochen. Die Tomaten kreuzweise einritzen und 40–60 Sekunden ins kochende Wasser tauchen. Mit einer Küchenzange herausnehmen und sofort etwa 1 Minute in einer großen Schüssel mit Eiswasser abschrecken, bis sich die Haut am Einschnitt zu lösen beginnt. Die Tomaten abtropfen lassen und häuten, was nun sehr einfach gehen sollte, vierteln und entkernen. Das Tomatenfleisch in kleine Stücke schneiden.

Für die Marinade alle Zutaten in einer Schüssel verrühren. Die Tomatenstücke untermischen und abgedeckt mindestens 1 Stunde im Kühlschrank marinieren – je länger, desto besser.

Den Reis 5- bis 7-mal gründlich abbrausen und abtropfen lassen, bis das Wasser klar bleibt. Mit 200 ml Wasser in einen Topf mit dicht schließendem Deckel geben und das Salz hinzufügen. Bei starker Hitze unter ständigem Rühren aufkochen, dann die Hitze auf niedrigste Stufe reduzieren und den Reis zugedeckt 15 Minuten ungestört ziehen lassen. Vom Herd nehmen und den Reis 10 Minuten ruhen lassen, ohne den Deckel zu öffnen.

In der Zwischenzeit Essig und Zucker in einer Schale verrühren, bis sich der Zucker aufgelöst hat.

Den Deckel vom Reis abnehmen und mit einem großen Kochlöffel oder Pfannenwender auflockern. Mit einem Fächer aus Papier oder einem aufgeschlagenen Buch fächeln, damit er schneller abkühlt. Dabei nach und nach die Essigmischung vorsichtig unterziehen. Nicht rühren, sonst wird der Reis zerdrückt.

Ein Stück Nori mit der matten Seite nach oben auf die Arbeitsfläche legen. Die Tütchen wie gegenüber gezeigt zubereiten. Mit Sesam bestreuen und servieren.

Tütchen formen

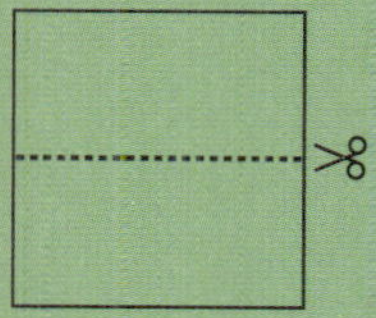

Das Nori-Blatt längs in zwei Hälften schneiden.

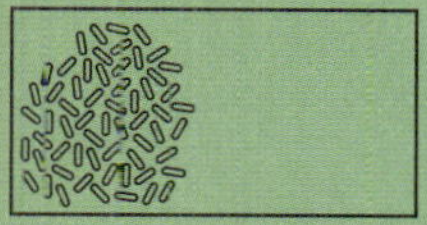

Knapp eine Hälfte des Nori-Blattes mit einer dünnen Schicht Reis bedecken.

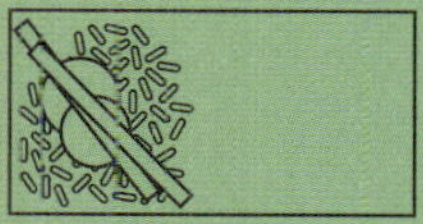

Die Füllung, z. B. Gurke, Tomate und Sesam, diagonal auf den Reis geben.

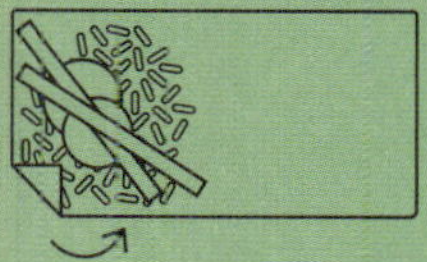

Das Blatt von der unteren Ecke kegelförmig um die Füllung aufrollen.

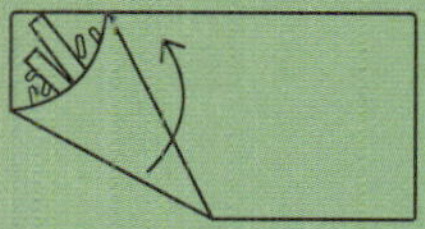

Das restliche Nori-Blatt aufrollen.

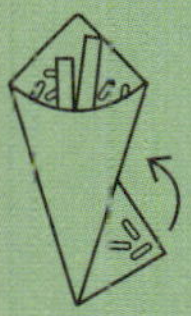

Das Nori-Blatt mit ein paar Reiskörnern zukleben.

Pfannkuchen mit rotem Bohnenmus

Ergibt etwa 12 Stück

—

Zubereitung: 15 Minuten
Garzeit: 1 Stunde

- 250 ml Pflanzendrink
- 55 g weißer Zucker
- 1 EL Reissirup
- ¼ TL Salz
- 3 TL Backpulver
- 1 EL Pflanzenöl, plus etwas zum Backen
- 150 g Weizenmehl
- 1 Portion rotes Bohnenmus (Seite 21) oder 375 g gekauftes rotes Bohnenmus

Diese goldbraun gebackenen kleinen Pfannkuchen-Sandwiches werden *dorayaki* genannt. Die Füllung besteht aus rotbraunen, mit Zucker gekochten und dann cremig pürierten Adzukibohnen. Wenn du kein Fan von rotem Bohnenmus bist, kannst du diese Pfannkuchen auch mit einem veganen Schokoaufstrich füllen.

Pflanzendrink, Zucker, Sirup, Salz, Backpulver und Öl in einer großen Schüssel verrühren. Das Mehl darübersieben und unterziehen, bis die Zutaten gebunden sind.

Eine große beschichtete Pfanne bei mittlerer Hitze heiß werden lassen. Etwas Öl darin erhitzen und überschüssiges Öl mit Küchenpapier auswischen. Etwa 2 Esslöffel Teig in die Pfanne geben und mit einem Spatel zu einem etwa 8 cm großen Kreis verstreichen. Den Pfannkuchen 2–3 Minuten backen, bis der Teig Blasen wirft. Wenden und weitere 2–3 Minuten backen. Je nach Größe der Pfanne können auch mehrere Pfannkuchen gleichzeitig gebacken werden. Sie sollten auf beiden Seiten schön gebräunt sein.

Je 2 Pfannkuchen mit 1 gehäuften Esslöffel Bohnenmus zusammensetzen, sodass insgesamt etwa 12 Pfannkuchen-Sandwiches entstehen.

Erdbeer-Mochi

GF

Ergibt 10 Stück

—

Zubereitung: 20 Minuten
Garzeit: 15 Minuten

90 g Klebreismehl
50 g weißer Zucker
1 TL Matcha-Pulver – optional
etwa 60 g Speisestärke, zum Bestäuben
10 Erdbeeren, geputzt
1 Portion rotes Bohnenmus (Seite 21) oder 375 g gekauftes rotes Bohnenmus

Diese Mochi sind ein echtes Erlebnis: Da ist zunächst mal die weiche Teighülle, dann das cremige Bohnenmus und schließlich die frischen, saftigen Erdbeeren. Natürlich lassen sich die Erdbeeren auch durch andere Früchte ersetzen. Durch das Matcha-Pulver erhalten die Mochi nicht nur eine schöne grüne Farbe, sondern eine tolle herbe Note, die die Süße von Bohnenmus und Erdbeeren wunderbar ausgleicht. Du kannst es aber auch weglassen.

Klebreismehl, Zucker und Matcha-Pulver in einer hitzebeständigen Schüssel, die in deinen Dämpfkorb passt, mit 180 ml Wasser zu einem glatten, klümpchenfreien Teig verrühren. Die Schüssel in den Dämpfkorb stellen und diesen auf einen Topf mit kochendem Wasser setzen. Den Teig 15 Minuten dämpfen, dabei nach der Hälfte der Zeit umrühren.

Arbeitsfläche und Nudelholz mit etwas Speisestärke bestäuben. Den Teig – Vorsicht, heiß! – auf die Arbeitsfläche geben und mit Speisestärke bestäuben. Behutsam zu einer 5 mm dicken Platte ausrollen. Dabei bei Bedarf mit weiterer Speisestärke bestäuben. 10–15 Minuten abkühlen lassen.

In der Zwischenzeit das Bohnenmus von Hand zu 10 Kugeln formen. Die Kugeln in einer Handfläche flach drücken, eine Erdbeere daraufsetzen und das Bohnenmus um die Erdbeere schließen. Beiseitestellen.

Mit einem Ausstecher (8–10 cm Durchmesser, je nach Größe der Erdbeeren) Kreise aus dem Mochi-Teig ausstechen. Die umhüllten Erdbeeren auf die Kreise setzen. Den Teig nach oben schlagen und zusammendrücken, sodass die Erdbeeren vollständig eingehüllt sind.

Fertige Mochi in Papierbackförmchen setzen, damit sie nicht zusammenkleben. Wenn sie nicht sofort verzehrt werden, bis zu 1 Woche im Kühlschrank aufbewahren.

Schoko-Matcha-Taler

Ergibt 8 Stück

—

Zubereitung: 30 Minuten (zzgl. Teiggare)

Garzeit: 30 Minuten

125 ml lauwarmer Pflanzendrink
4 EL weißer Zucker
1 Päckchen Trockenbackhefe
70 g veganer Joghurt oder Kokosmilch
60 ml Aquafaba (Seite 11)
1 EL Pflanzenöl
300 g Weizenmehl, gesiebt
¼ TL Salz
2 TL Matcha-Pulver
Weiße Sesamsamen, zum Bestreuen

Schokoladencreme

300 ml Sojadrink
2 EL Vanillepuddingpulver
3 EL weißer Zucker
2 TL Kakaopulver
1 Prise Salz
½ TL Vanillepaste oder 1 TL Vanilleextrakt
1 EL fein geriebene Orangenschale – optional

Diese Taler sind die perfekte süße Leckerei für Tage, an denen es zu heiß ist, um den Ofen anzuwerfen, denn sie werden in der Pfanne gebacken. Außen sind sie herrlich knusprig und innen wunderbar schokoladig-cremig!

Pflanzendrink, Zucker und Hefe in einer großen Schüssel oder der Schüssel der Küchenmaschine verrühren und 5 Minuten quellen lassen, bis sich Bläschen bilden. Joghurt, Aquafaba und Öl einrühren. Mehl, Salz und Matcha-Pulver untermischen.

Den Teig entweder mit dem Knethaken der Küchenmaschine oder von Hand 7–10 Minuten glatt und elastisch kneten. Zu einer Kugel formen und zurück in die Schüssel geben. Mit einem sauberen Tuch abdecken und an einem warmen Ort etwa 1 Stunde gehen lassen, bis sich das Teigvolumen verdoppelt hat.

In der Zwischenzeit für die Schokocreme alle Zutaten in einem Topf klümpchenfrei verrühren. Bei mittlerer Hitze unter ständigem Rühren aufkochen. Die Hitze reduzieren und die Creme 10 Minuten unter ständigem Rühren köcheln lassen, bis sie glatt und eingedickt ist. Die Creme in eine hitzebeständige Schüssel füllen und erkalten lassen. Anschließend mindestens 1 Stunde im Kühlschrank fest werden lassen.

Den Teig zum Entgasen auf der bemehlten Arbeitsfläche kurz durchkneten. In acht Portionen teilen und zu etwa 13 × 8 cm großen Ovalen ausrollen. Die Creme aus dem Kühlschrank nehmen und 1 großzügigen Esslöffel in die Mitte auf die Teigstücke geben. Den Teig über die Creme schlagen und die Ränder gut andrücken, sodass die Füllung dicht eingeschlossen ist. Die Taler vorsichtig flach drücken, um die Füllung darin zu verteilen. Die Taler weitere 5–10 Minuten ruhen lassen, bis sie erneut leicht aufgegangen sind. Von beiden Seiten mit Sesam bestreuen und die Samen leicht andrücken.

Eine große beschichtete Pfanne (mit Deckel) bei mittlerer Hitze heiß werden lassen. Je 2–3 Taler in die Pfanne legen, dabei etwas Abstand lassen, damit sie sich beim Backen ausdehnen können. Zugedeckt 5–6 Minuten backen, bis die Unterseite goldbraun und knusprig ist. Wenden und auf der anderen Seite 5–6 Minuten backen.

Diese Taler werden am besten warm serviert, damit die warme Creme beim Hineinbeißen herausquillt!

Reste mischen und kombinieren

Bei dem ein oder anderen Rezept aus diesem Buch werden Reste übrig bleiben, zum Beispiel rotes Bohnenmus aus dem Mochi-Rezept oder Bao-Teig. Das ist fast unvermeidlich, denn Gemüse wie Blumenkohl variiert in der Größe schon mal, der Magen ist kleiner als der Appetit, oder die Zubereitung lohnt sich in kleineren Mengen nicht. Was soll man beispielsweise mit der Jackfruit nach Peking-Art anstellen, wenn die Pfannkuchen ausgegangen sind?

Auf diesen beiden „Mix and Match“-Seiten zeige ich, wie gut sich die Zubereitungen aus diesem Buch kombinieren lassen und wie flexibel sie sind. Mit der folgenden Liste sind die Kombinationsmöglichkeiten keinesfalls erschöpft; sie stellen lediglich Vorschläge dar, die meiner Erfahrung nach gut funktionieren und als Inspirationsquelle dienen können, wenn du ein Rezept variieren möchtest.

Wenn du ein bestimmtes Gericht nicht findest, lies die Liste ganz durch, denn vielleicht ist es als Ersatz für etwas anderes aufgelistet!

Blumenkohl-Samosas (Seite 29)
Übrige Füllung: für Dosas (Seite 39) verwenden.

Erdbeer-Mochi (Seite 215)
Übriger Mochi-Teig: kleine Kugeln der veganen Lieblingseiscreme damit einhüllen.

Fluffiger Erdnusspfannkuchen (Seite 104)
Übrige Pfannkuchen: süße Erdnussmischung durch Kokos-Kaya-Creme (Seite 136) ersetzen.

Gerollte Reisnudeln (Seite 145)
Mal anders: kurz vor dem Aufrollen des gedämpften Teiges etwas fein gehackte Füllung von Seite 124 darauf verteilen. Mit heller Sojasauce anstelle von Hoisin-Sauce servieren.

Gua bao mit Süßkartoffeln (Seite 156)
Übrige Brötchen: mit Jackfruit-Pfannkuchen (Seite 172), Süßsauren Champignons (Seite 153) oder der Füllung für die Salatblätter (Seite 162) füllen.

Übriger Teig: mit der Füllung von Seite 124 oder Rotem Bohnenmus (Seite 21) oder Schokoladencreme (Seite 216) dämpfen.

Hainan-„Hähnchen“ mit Reis (Seite 118)
Übriger gebratener Seitan: klein schneiden und als Füllung für Onigiri (Seite 202), Pad Thai mit Tofu (Seite 72) oder für Gua bao (Seite 156) verwenden.

Hongkong-Vanilletörtchen (Seite 178)
Übrige Teigböden: mit Kokos-Kaya-Creme (Seite 136) füllen und wie beschrieben backen.

Jackfruit-Pfannkuchen (Seite 172)
Übrige Pfannkuchen: Füllung für Gua bao (Seite 156) oder für Popiah-Frühlingsrollen (Seite 112) damit einrollen.

Kürbis-Katsu-don (Seite 192)
Variieren: anstelle der Zwiebel-Dashi-Brühe den Reis mit Japanischem Curry (Seite 187) servieren. Für zusätzliche Proteine ein veganes Omelett (Seite 188) zum Reis reichen.

Übriger Reis: Kürbisschnitzel durch gebackene Gemüse-Tempura (Seite 185) ersetzen.

Mango-Sommerrollen (Seite 80)
Mal was anderes: die Röllchen statt mit Mango und Minze mit der Füllung für Jackfruit-Pfannkuchen (Seite 172) und Gurkenscheiben füllen.

Nudeln mit Teigtaschen (Seite 165)
Mal was anderes: etwas Füllung von Seite 124 unter die Nudeln mischen.

Omu-Reis (Seite 188)
Mal anders: das Omelett weglassen und beim Anbraten des Reises den Ketchup durch etwas Sambal (Seite 121) ersetzen, um den Reis in ein malaysisches Nasi Goreng zu verwandeln.

Onigiri (Seite 202)
Übriger Reis: mit restlicher Füllung von den „Thunfisch"-Tütchen (Seite 210) oder der gefüllten Salatblätter (Seite 162) oder mit zerkleinertem gebackenem Tempura (Seite 185) oder Jackfruit-Pfannkuchen (Seite 172) füllen.

Pandanwaffeln (Seite 135)
Mal anders: mit Kokos-Kaya-Creme (Seite 136) anstelle von Erdnusscreme füllen.

Pfannkuchen mit Frühlingszwiebeln (Seite 150)
Mal was anderes: die Pfannkuchen mit der Füllung für Jackfruit-Pfannkuchen (Seite 172) garnieren und kleine Sandwiches daraus machen.

Pfannkuchen mit rotem Bohnenmus (Seite 212)
Übrige Pfannkuchen: mit Kokos-Kaya-Creme (Seite 136), stückiger Erdnusscreme oder Schokocreme (Seite 216) bestreichen.

Scharfe „Thunfisch"-Tütchen (Seite 210)
Übriger Reis: die Tütchen mit Sushibelag aus Aubergine (Seite 199) oder Gebackenen Tempura (Seite 185) zubereiten.

Teriyaki-Tofu (Seite 182)
Übrige Sauce: statt Ketchup für das Okonomiyaki (Seite 205) oder für Omu-Reis (Seite 188) verwenden.

Vegane Satayspieße (Seite 103)
Übrige Sauce: anstelle der Hoisin-Mischung als Dressing für den Malaysischen Salat (Seite 111) oder als Dip für Popiah-Frühlingsrollen (Seite 112) verwenden oder anstelle der Grünen Suppe zum „Thunder tea"-Reis (Seite 171) servieren.

Veganer Roti John (Seite 127)
Zur Abwechslung: Sriracha-Sauce durch Sambal (Seite 121) oder Vegane Satayspieße-Sauce (Seite 103) ersetzen.

Register

T

V

W

Y

Z

Dank

Ein Kochbuch zu schreiben bedeutet eine Menge Arbeit, viel Kochen und (glücklicherweise) viel Essen. Ich hatte einen Riesenspaß, aber ohne ein paar tolle Menschen hätte es nicht halb so viel Freude gemacht. Es braucht ein ganzes Team, um ein Kochbuch zu schreiben – und um die ganzen Reste aufzuessen.

Kyra: Wie immer zuerst ein riesiges Dankeschön an meine wunderbare kleine Schwester, die ein hervorragendes Handmodel ist. Niemand kann eine Schüssel so elegant halten wie du! Ich liebe es, für dich zu kochen, auch wenn ich dazu nicht mehr so oft Gelegenheit habe. Ich hoffe, dass dieses Buch dir eine kleine Hilfe ist, um dich in Down Under vernünftig zu ernähren. Nutrigrain ist zwar ein leckerer Snack, aber kein richtiges Essen – vergiss das nicht. Ich vermisse dich unendlich.

Shree: Ohne dich wäre ich heute nicht da, wo ich bin – das steht für mich fest. Dieses Jahr war unglaublich hart, aber du hast es sehr viel besser gemacht. Du bist die einzige Person, die Kardamom so liebt wie ich – immer, wenn ich Halwa oder Kulfi zubereite, erinnere ich mich an jenes Osterfest, als wir entdeckten, dass es Kardamom in Großpackungen gibt. Ich vermisse unsere Fahrten zum Großmarkt und denke oft an die Aufregung, wenn es an der Salatbar keinen Teriyaki-Tofu gab. Aber hey, jetzt können wir unseren eigenen machen!

Alex: Danke, dass du immer an mich geglaubt hast, selbst dann, wenn ich es nicht getan habe. Niemand sonst kämpft mit mir um den Abwasch (Tipp: Wenn du gewinnen willst, versteck den Schwamm) und wird nie müde, süße Chilikonfitüre zu essen (was ein Segen, aber auch ein Fluch sein kann). Ohne dich gäbe es dieses Buch nicht. Und selbst wenn, wäre alles viel zu scharf.

Meiner Familie: Dafür, dass ihr mir alles beigebracht habt, was ich weiß, und dafür, dass ihr mich zu dem Foodie gemacht habt, der ich bin. Ihr habt dazu beigetragen, dass dieses Buch so geworden ist, indem ihr mir alte Spitzendeckchen und alte Tabletts geliehen habt. Ihr habt mir geholfen, Hähnchenreis ohne Hähnchen zu kochen, und es mir ermöglicht, drei bis vier Rezepte täglich auszuprobieren.

Meiner Agentin Jane und dem tollen Murdoch-Team (Corinne, Jane, Madeleine, Alison, Jemma, Clive ...): Ihr habt mir geholfen, meine Ideen in ein großartiges Buch umzusetzen. Nie hätte ich mir vorstellen können, etwas so Tolles zu realisieren. Ihr wart bei jedem Schritt dabei – danke also, dass ihr an mich geglaubt habt und dass ich meinen Traum wahr machen konnte.

Den Humes: Vielen Dank, dass ich eure superschöne Küche in ein absolutes Chaos verwandeln durfte und dass ihr so bereitwillige Testesser seid. Tut mir leid, dass ich eure ganze Sojasauce aufgebraucht habe!

Meinen Lesern: Meine virtuelle Familie – nichts wäre möglich, wenn ich nicht jemanden hätte, für den ich dieses Kochbuch hätte schreiben können. Also, vielen Dank für all eure Unterstützung, euer Feedback und die Herz-Emojis. Ich hoffe, ihr mögt dieses Buch so sehr, wie ich die Arbeit daran geliebt habe.

ZS – Ein Verlag der Edel Verlagsgruppe

Edel Verlagsgruppe GmbH
Kaiserstraße 14 b
80801 München

1. Auflage 2023
978-3-96584-314-1

Diese Ausgabe erscheint bei ZS als Lizenzausgabe von
Murdoch Books, an imprint of Allen & Unwin
Murdoch Books Australia
83 Alexander Street, Crows Nest NSW 2065
Murdoch Books UK
Ormond House, 26–27 Boswell Street,
London, WC1N 3JZ

Original title: *Jackfruit & Blue Ginger – Asian favorites, made vegan*

First published in English in 2019 by Murdoch Books, an imprint of Allen & Unwin

Mitwirkende der Originalausgabe:
Publisher: Corinne Roberts
Editorial Manager: Jane Price
Design Manager: Madeleine Kane
Editor: Alison Cowan
Designer: Murray Batten
Illustrations: Estee Sarsfield
Photography: Sasha Gill (except author photo, back cover by Steve Brown)
Production Director: Lou Playfair

Projektkoordination der deutschen Ausgabe: Ina Stewart
Übersetzung ins Deutsche: Lisa Heilig
Cover der deutschen Ausgabe: Kathi Fesl
Satz und Redaktion der deutschen Ausgabe:
booklab GmbH, München

Printed and bound in China